职业教育·道路运输类专业教材

Gonglu Ceshe Jishu
公路测设技术

李青芳 主　编

何宜典　史　静　副主编

殷青英　主　审

人民交通出版社股份有限公司

北　京

内 容 提 要

本书为职业教育·道路运输类专业教材。本书以公路路线设计的全过程为主线,重点是技术指标的应用及外业的测设,共设置了5个模块,主要内容包括:公路测设知识的认知、公路平面测设、公路纵断面测设、路基横断面测设、公路选线与外业勘测。

本书可作为高职高专院校道路桥梁工程技术专业、公路养护与管理专业、公路监理专业等的教学用书,亦可作为公路工程管理人员培训及在职人员继续教育和参考用书。

本书有配套课件,教师可通过加入职教路桥教学研讨群(QQ:561416324)索取。

图书在版编目(CIP)数据

公路测设技术 / 李青芳主编. — 北京:人民交通出版社股份有限公司,2018.8
ISBN 978-7-114-14794-4

Ⅰ.①公… Ⅱ.①李… Ⅲ.①道路测量—高等职业教育—教材 Ⅳ.①U412.24

中国版本图书馆 CIP 数据核字(2018)第 147541 号

职业教育·道路运输类专业教材
书　　名:公路测设技术
著　作　者:李青芳
责任编辑:任雪莲
责任校对:刘　芹
责任印制:张　凯
出版发行:人民交通出版社股份有限公司
地　　址:(100011)北京市朝阳区安定门外外馆斜街3号
网　　址:http://www.ccpcl.com.cn
销售电话:(010)59757973
总　经　销:人民交通出版社股份有限公司发行部
经　　销:各地新华书店
印　　刷:北京印匠彩色印刷有限公司
开　　本:787×1092　1/16
印　　张:10.75
字　　数:246千
版　　次:2018年8月　第1版
印　　次:2023年6月　第4次印刷
书　　号:ISBN 978-7-114-14794-4
定　　价:32.00元
审　图　号:GS(2019)3396号

(有印刷、装订质量问题的图书由本公司负责调换)

编审委员会

主　　　任：杨云峰

副 主 任：王天哲　薛安顺

委　　　员：张　鹏　魏　锋　王愉龙　田建辉
　　　　　　邹艳琴　焦　莉　殷青英　周庆华
　　　　　　王少宏　王学礼　张　建　米国兴
　　　　　　尚同羊　石雄伟　李芳霞　赵仙茹
　　　　　　赵国刚　李彩霞　赵亚兰　柴彩萍
　　　　　　王亚利　李青芳　黄　娟　李　艳
　　　　　　张军艳　李婷婷　张丽萍　王万平
　　　　　　张松雷　李晶晶

序
—— PREFACE ——

　　建设教育强国是中华民族伟大复兴的基础工程。交通运输是国民经济基础性、先导性、战略性产业。交通高等职业教育鼎力支持交通运输事业,弘扬劳模精神和工匠精神,营造"劳动光荣、技能宝贵、创造伟大"的社会风尚和精益求精的敬业风气,建设知识型、技能型、创新型劳动者大军,培养德智体美全面发展的社会主义建设者和接班人。

　　习近平总书记明确指出,"十三五"是交通运输基础设施发展、服务水平提高和转型发展的黄金时期,要抓住这一时期,加快发展,不辱使命,为实现中华民族伟大复兴的中国梦发挥更大的作用。当前,在我国经济发展进入新常态后,交通运输作为国民经济重要的基础性、先导性、服务性行业的基础地位没有改变,在经济社会发展中先行官的职责和使命没有改变,在稳增长、促投资、促消费中的重要作用没有改变,由基本适应向适度超前发展的阶段性特征和态势没有改变。我国正由"交通大国"向"交通强国"迈进。交通高等职业教育肩负着交通运输人才培养、科学研究、社会服务、文化传承创新的神圣使命,在实现"两个一百年"奋斗目标的伟大进程中必须有担当、有作为。

　　陕西交通职业技术学院是国家优质高职院校立项建设单位、陕西省优秀示范性高职院校,被誉为中国西部"交通建设管理人才的摇篮"。学校以全国交通运输示范专业——道路桥梁工程技术专业为核心,构建公路工程专业集群,弘扬"吃苦实干,爱岗敬业,默默奉献,图强创新"的"铺路石"精神,秉持"立足交通,服务交通,引领交通"的发展理念,坚持"校企合作实践育人,提升能力内涵发展"的建设思想,锻造"公在心中,路在脚下,铁肩担当,道存目击"的精神文化,开展"大专业小方向"的专业改革,实施"岗位导向,学训交替,能力递进,分组顶岗"的人才培养模式,紧密对接交通运输行业转型升级,紧紧围绕交通基础设施建设与管理的产业需求,培养热爱交通、扎根基层、吃苦实干的公路交通技术技能人才。

　　近年来,陕西交通职业技术学院不忘初心、拼搏奋斗,深化教育教学改革,优化专业体系结构,加强师资队伍建设,完善质量保证体系,始终致力于提升内涵建设品质,提高人才培养质量,增强社会服务能力。公路工程专业集群以道路桥梁工程技术专业为引领,先后获得国家级教学团队、全国职业院校交通运输类示范专业、高等职业教育创新发展行动计划骨干专业、陕西高职院校"一流专业"、陕西省重点专业、陕西省示范院校建设重点专业、陕西高职院校综合改革试点专业等重大荣誉和政策支持。"十三五"是交通运输基础设施加速成网的黄金时期,也是我国交通运输基础设施集中建设、扩大规模的重要时期,更是交通运输优化结构、提升服务水平的关键时期。在这样的背景下,陕西交通职业技术学院成立"新时期交通土建类高职高专规划教材"编审委员会,以长期教育教学改革实践为基础,系统总结教学内涵建设经验,编写系列教材,期望以此形式固化、展示、应用、分享改革建设的成果,培养符合新时期交通运输发展需求的高质量技术技能人才。

本套教材以提高人才培养质量为根本目标,贯彻高等职业教育教学改革发展新理念,对接交通运输行业最新颁布标准、规范、规程,努力从内容到形式上都有所创新。教材丛书依据专业集群的核心课程而规划,体现产教融合特色。教材突出工匠精神、职业道德、职业技能和就业创业能力教育的完美融合,注重学生全面培养。教材功能基于服务课程教学的基本载体和直观媒介而定位,凸显学生主体地位;教材内容按照职业岗位知识和能力需求而取舍,突出实践能力培养;教学方法遵循高职学生学习特点和认知规律而设计,强调理实一体教学。我们期待这套教材能在新时期交通土建类高职人才培养中起到积极的作用。

向支持交通高职教育教材建设的人民交通出版社表示衷心感谢。向关心、支持、帮助教材编审的合作企业、专家学者、校友致以崇高敬意和诚挚谢意。

2017 年 12 月

前 言
——FOREWORD——

根据教育部关于高职高专教育发展与改革的要求,职业教育培养是以社会需求为依据,"公路测设技术"课程结合人才培养目标,基于公路专业的职业岗位能力需求,结合高职学生的知识基础和认知规律,以职业岗位能力为目标,充分考虑教学的操作性和实施性,教学内容安排基于岗位工作过程,采用"项目导向、任务驱动"的教学模式,是以培养学生实际工作能力为目标的任务引领式的项目化课程。

本书推荐学时如下:

序号	内　　容	学时
1	公路测设知识的认知	8
2	公路平面测设	18
3	公路纵断面测设	14
4	路基横断面测设	12
5	公路选线与外业勘测	8
	总计	60

本书的主要特色如下:

(1)本书构建思路是依托道路桥梁工程技术专业群"大专业小方向",打破了传统的以路线设计内业为主要内容的编写方式,增设了外业测设详细工作的相关内容。

(2)以岗位导向为教学主线,实现专业与岗位、培养目标与岗位需求的对接。

(3)以应用为目的,遵循"必需、够用"的原则,难易适中,理论与实践相结合。

(4)书中列举了丰富的工程实例,增强了学生对相关理论知识的认知和实践能力。

(5)依据最新的标准、规范编写而成。

本书由陕西交通职业技术学院公路与铁道学院李青芳教授担任主编,何宜典副教授、史静副教授担任副主编,全书由李青芳统稿。具体编写分工为:项目一、项目六由李青芳编写;项目二、项目三由何宜典编写;项目五的任务三、任务四由史静编写,项目五的任务二由赵亚兰编写,项目四由王愉龙编写,项目五的任务五由任圆圆编写,项目五的任务一由代龙平编写。本书由陕西交通职业技术学院殷青英教授担任主审。在编写过程中,陕西交通职业技术学院张鹏教授、邹艳琴教授、焦莉教授、王愉龙副教授,陕西恒万达交通发展有限公司总工程师代龙平,在理论和实践方面分别提出了很多宝贵意见;本书在编写过程中使用了陕西恒万达交通科技发展有限公司的设计方案和数据,并借鉴和参考了同行的相应成果,在此,一并表示深深的谢意。

限于编者水平,书中难免有不足和遗漏之处,恳请读者批评指正。

编 者

2018 年 4 月

目 录
CONTENTS

项目一　公路测设知识的认知 ··· 1
　任务一　公路建设现状及远景规划 ·· 1
　任务二　道路分类与技术标准 ·· 4
　任务三　公路的基本组成及功能分析 ·· 8
　任务四　地形图的认知 ·· 15
　任务五　公路勘测设计的依据和程序认知 ···································· 21

项目二　公路平面测设 ··· 31
　任务一　路线平面线形组成分析 ·· 31
　任务二　平曲线超高及加宽 ·· 47
　任务三　中桩坐标计算 ·· 57
　任务四　行车视距的认知 ··· 63
　任务五　路线平面测设 ·· 69

项目三　公路纵断面测设 ·· 80
　任务一　路线纵断面测量 ··· 80
　任务二　公路纵断面技术指标的认识 ··· 83
　任务三　竖曲线设计计算 ··· 88
　任务四　公路平、纵面线形组合认知 ··· 93
　任务五　公路纵断面测设依据 ·· 97

项目四　路基横断面测设 ·· 103
　任务一　横断面的组成分析 ·· 103
　任务二　路基横断面形式 ··· 109
　任务三　路基土石方数量计算及调配 ··· 117
　任务四　横断面测设 ··· 124

项目五　公路选线与外业勘测 ·· 131
　任务一　选线的认识 ··· 131
　任务二　平原地区选线 ·· 136
　任务三　山岭区选线 ··· 140
　任务四　丘陵区选线 ··· 151
　任务五　公路外业勘测 ·· 153

参考文献 ··· 161

项目一 公路测设知识的认知

任务一 公路建设现状及远景规划

(1) 掌握现代交通运输体系的组成和公路运输的特点。
(2) 清楚我国目前公路的现状。
(3) 了解我国公路发展规划。

随着社会的进步、经济的发展,交通运输方式更加多样,其中公路运输以其机动灵活、直达门户的优点备受青睐,我国公路建设如火如荼。本任务采用图片或案例,引导学生掌握现代交通运输体系的组成,懂得各运输方式的特点及适用情况,清楚我国公路发展的现状及发展规划,为交通土建类专业学生的学习指明方向,并激发学生的学习兴趣。

一、现代交通运输体系

随着社会的进步,人类对交通的需求迅速增长,从而形成了由多种运输方式组成的现代交通运输系统。现代交通运输是国民经济的大动脉,是国民经济发展的"先行官"。

1. 现代交通运输体系的组成

按照运输线路和运载工具的不同,现代交通运输体系由铁路、公路、水运、航空及管道五种运输方式组成。这些运输方式在技术经济上各有特点,它们根据运输的需要合理分工、相互衔接、互为补充,形成完整的国家综合运输体系。

铁路运输适应于中、远程的大宗货物及人流运输,具有运量大、速度快,一般不受气候和季节的影响,连续性强、成本较低的特点,特别是高速铁路的出现,使铁路的运输能力得到进一步提高,但由于铁路运输需转运,装卸费用高,使其一般只在远距离运输上占优势。由于运行受轨道的限制,铁路运输属线性运输。

公路运输机动灵活,可以实现直达门户,能迅速集中和分散货物,不需中转运输,可节约时间和减少中转费用,减少货损,适用于旅客及货物各种运距的运输,可自成运输体系,是最活跃的运输方式。但因汽车燃料贵、单位运量少、污染大,故公路运输以中短途运输为主。

水路运输运量大、耗能小,是通航地区最廉价的运输方式,但受自然因素影响大,故连续性差、速度慢。

航空运输适用于快速运送旅客、紧急物资及邮件,速度快,但成本也高。

管道运输是利用封闭管道以重力或气压连续运送特定货物的运输方式。它具有运量大、连续性强、运距短、占地少、成本低、无污染、损耗少的优点,但其仅适用于油、气、水等货物的运输。

上述各种运输方式各有所长,各自适应一定的条件和运输需要。它们通过合理分工、协调配合、取长补短,组成了一个综合的交通运输体系,为社会的生产和消费服务。

2. 公路运输在国民经济中的地位

公路运输在经济建设中发挥着重要的作用,是我国综合运输体系中最活跃的一种运输方式。公路运输在整个交通运输中占有较大的比重,其中客运量的90%,客、货运周转量的3/4都是通过公路运输完成的。特别是高速公路的发展、汽车载质量的增多、集装箱运输的增大,使公路运输发挥了更加重要的作用,并显示出广阔的发展前景。

二、我国公路现状和发展规划

1. 公路现状

近些年来,我国加大了对公路的投资建设力度,公路运输业取得了较快的发展,主要体现在:截至2017年底,我国公路总里程477.35万 km,高速公路已超过13.65万 km,公路总里程和高速公路里程均居世界首位。通公路的建制村占全国建制村总数的99.98%,其中通上了沥青路、水泥路的建制村占全国建制村总数的98.35%。近年来,虽然我国公路建设取得了长足的进步,但与发达国家相比还存在不足,具体如下:

(1)覆盖范围不足。截至2017年,我国还有900多个县没有实现国道连接,有18个新增的城镇人口在20万以上的城市和29个地级行政中心未实现与国家高速公路的连接,这与我国的城镇化发展要求不相适应。

(2)运输能力不足。我国部分国家高速公路通道运能紧张、拥堵严重,不能适应交通量快速增长的需要。

(3)网络效率不高。干线公路网本身还不完善,一些普通国道路线不连续、不完整,国家公路与其他运输方式之间、普通国道和国家高速公路之间衔接协调不够,网络效益和效率难以发挥。

(4)公路运输服务水平低。公路服务水平一般由汽车行驶速度、交通密度、交通延误、车辆行驶的舒适性来衡量。综合来看,公路运输服务水平较低,还不能满足人民群众的运输需求。

2. 公路建设的发展规划

随着社会经济的快速发展和公路网络规模结构的不断发展变化,既有的国家干线路网出现了覆盖范围不足、运输能力不强、网络效率不高等不适应的情况。为了保障公路交通的可持续发展,迫切要求以更加全面、长远的发展视野谋划未来我国公路网的合理架构,加快国家干线公路网的战略性布局。

 知识链接

2013年6月20日,交通运输部正式公布了《国家公路网规划(2013年—2030年)》。据此规划,我国到2030年,普通国道总规模将达到26.5万 km,国家高速公路里程达到11.8万 km❶,为此投入约4.7万亿元人民币。公路网规划的目标是:形成"布局合理、功能完善、覆盖广泛、安全可靠"的国家干线公路网络,实现首都辐射省会、省际多路连通,地市高速通达、县县国道覆盖。1000km以内的省会间可当日到达,东中部地区省会到地市可当日往返,西部地区省会到地市可当日到达;区域中心城市、重要经济区、城市群内外交通联系密切,形成多中心放射的

---

❶ 截至2017年底,我国高速公路里程已超过13.65万 km。

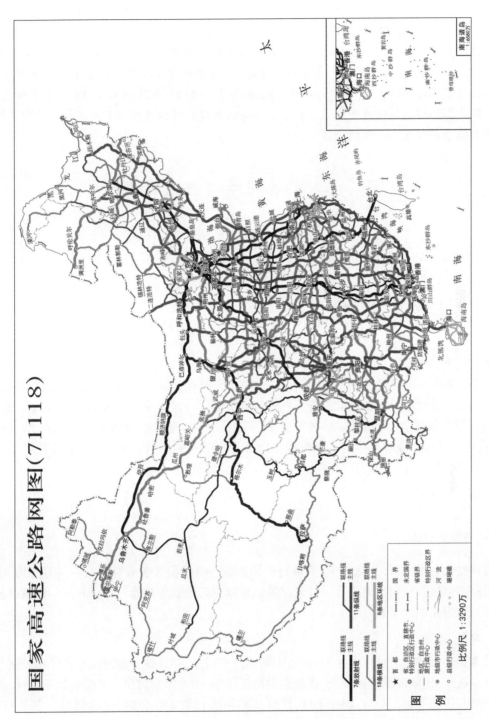

图1-1 国家高速公路网

路网格局;沿边、沿海公路连续贯通,形成环绕我国大陆的沿边沿海普通国道路线;有效连接国家陆路门户城市和重要边境口岸,形成重要国际运输通道,与东北亚、中亚、南亚、东南亚的联系更加便捷。

国家高速公路网按"实现有效连接、提升通道能力、强化区际联系、优化路网衔接"的思路,保持原国家高速公路网规划总体框架(7918高速公路网络)基本不变,补充连接新增20万以上城镇人口城市、地级行政中心、重要港口和重要国际运输通道,在运输繁忙的通道上布设平行路线,增设区际、省际通道和重要城际通道,适当增加有效提高路网运输效率的联络线。调整后的国家高速公路如图1-1所示,由7条首都放射线、11条北南纵线、18条东西横线,以及地区环线、并行线、联络线等组成,约11.8万km;另规划远期展望线1.8万km,远期展望线路线主要位于西部地广人稀的地区。

任务二 道路分类与技术标准

(1)明确道路的分类。
(2)掌握公路分级及其依据。
(3)熟知《公路工程技术标准》(JTG B01—2014)的主要技术指标。

道路按其服务对象的不同可分为公路、城市道路、林区道路、厂矿道路及乡村道路等,为了保证车辆在对应公路等级上行驶的安全性、经济性、舒适性,《公路工程技术标准》(JTG B01—2014)(以下简称《标准》)规定了路基宽度、行车道宽度、路肩宽度、平曲线最小半径、缓和曲线长度、竖曲线最小半径等指标。本任务结合公路设计文件中的说明书,引导学生掌握公路等级的划分及划分依据,并熟知各级公路的主要技术指标组成。

一、道路的分类

道路是供各种车辆(无轨)和行人通行的构造物。道路按其服务对象的不同可分为公路、城市道路、林区道路、厂矿道路及乡村道路等。根据它们的服务功能、对象和特点,道路可分为公路与城市道路两大类。

1. 公路

公路是连接城市与城市之间的通道,主要供汽车行驶,并具备一定的技术条件和设施。公路的平面线形、纵断面线形较复杂,横断面结构较简单,用地限制较少。公路按其重要性、使用性质和行政等级等可划分为:国家干线公路(简称国道)、省干线公路(简称省道)、县公路(简称县道)和乡公路(乡道)以及专用公路5个等级。

(1)国道是指在国家干线网中,具有全国性的政治、经济、国防意义,并经确定为国家干线的公路。

(2)省道是在省公路网中,具有全省性的政治、经济、国防意义,并经确定为省级干线的公路。

(3)县道是指具有全县性的政治、经济、国防意义,并经确定为县级的公路。

(4)乡道是指建在乡村、农场,为了方便农业生产和生活,主要供行人及各种农业运输工具通行的公路。

(5)专用公路是指由工矿、农林等部门投资修建的公路。

2. 城市道路

城市道路是连接城市各功能区之间的通道,除供车辆及行人通行外,还作为城市埋设各类管线及其他公共用地的总称,并具备一定技术条件和设施。城市道路的功能,除了把城市各部分联系起来为城市各种交通服务外,还包括形成城市结构布局的骨架,提供通风、采光,反映城市面貌和建筑风格,保持城市生活环境空间以及为防火、绿化提供场地。

城市道路与公路相比较,平面线形、纵断面线形简单,但横断面复杂、限制较严。城市道路按照在城市道路网中的地位、交通功能以及对沿线建筑物的服务功能等,分为快速路、主干路、次干路、支路四类。

二、公路的功能与分级

1. 公路功能

(1)在规划与设计阶段,应根据公路的功能指导公路等级、设计速度等路线设计技术标准的选用。

(2)公路功能可根据公路的区域特点、交通特性、路网结构分析确定。公路的区域特点考虑要素有:土地利用、气象条件、地形地貌、历史文化、灾害、公共交通、通信、城市建设的现状和规划等;交通特性考虑要素有:汽车、行人、自行车等各自的交通量,以及车辆类型、出行距离、交通量变化特征、速度分布等;路网结构考虑要素有:该公路在全国或者区域交通网中的地位与作用。公路按交通功能分为干线公路、集散公路和支线公路三种功能。

①干线公路又可分为主要干线公路和次要干线公路。

a. 主要干线公路:连接20万人口以上的大中城市、交通枢纽、重要对外口岸和军事战略要地;提供省际及大中城市间长距离、大容量、高速度的交通服务。

b. 次要干线公路:连接10万人口以上的城市和区域性经济中心;提供区域内或省域内中长距离、较高容量和较高速度的交通服务。

②集散公路可分为主要集散公路和次要集散公路。

a. 主要集散公路:连接5万人口以上县(市)、主要工农业生产基地、重要经济开发区、旅游名胜区和商品集散地。提供中等距离、中等容量及中等速度的交通服务;与干线公路衔接,使所有的县(市)都在干线公路的合适距离之内。

b. 次要集散公路:连接1万人口以上县(市)、大的乡镇和其他交通发生地;提供较短距离、较小容量及较低速度的交通服务;衔接干线公路、主要集散公路与支线公路,疏散干线公路交通、汇集支线公路交通。

③支线公路。以服务功能为主,直接与用路者的出行源点相衔接;衔接集散公路,为地区出行提供接入与通达服务。

(3)主干线公路应为用路者提供高效的机动性,尽量减少出入口、支路汇入和平面交叉的数量,实行与其功能相匹配的"接入控制"。

(4)集散公路应以汇集地方交通、疏散主干交通为主,承担衔接与过渡性道路的作用,宜在机动性与通达性之间寻求平衡,既要构建一定的出入口、支路汇入和平面交叉口,又要对出入口、支路汇入和平面交叉口的数量进行一定的限制。

(5)支线公路应直接与用路者的出行源点相衔接,以提供通达性为主,应开放出入口、支路汇入和平面交叉。

2. 公路技术分级

交通运输部2015年1月颁布的《公路工程技术标准》(JTG B01—2014)将公路根据交通特性及控制干扰的能力分为:高速公路、一级公路、二级公路、三级公路及四级公路5个技术等级。

(1)高速公路为专供汽车分向、分车道行驶,并全部控制出入的多车道公路。它具有四个或四个以上车道,设有中央分隔带,全部立体交叉,并具有完善的交通安全设施与管理服务设施。高速公路的设计交通量宜在15000辆小客车/日以上。

(2)一级公路为供汽车分向、分车道行驶的公路,并可根据需要控制出入的多车道公路。一级公路的设计交通量宜在15000辆小客车/日以上。

(3)二级公路为供汽车行驶的双车道公路。二级公路的设计交通量宜在5000~15000辆小客车/日。

(4)三级公路为供汽车、非汽车交通混合行驶的双车道公路。三级公路的设计交通量宜在2000~6000辆小客车/日。

(5)四级公路为供汽车、非汽车交通混合行驶的双车道公路或单车道公路。

双车道四级公路设计交通量宜在2000辆小客车/日以下;单车道四级公路设计交通量宜在400辆小客车/日以下。

以上5个等级的公路构成了我国的公路网。其中高速公路、一级公路为公路网骨干线,二级公路、三级公路为公路网内基本线,四级公路为公路网的支线。

3. 公路设计交通量预测

(1)高速公路和一级公路的设计交通量预测年限为20年;二级公路、三级公路设计交通量预测年限为15年;四级公路可根据实际情况确定。

(2)设计交通量预测的起算年为该项目的计划通车年。

(3)设计交通量的预测应充分考虑走廊范围内远期社会、经济的发展规划和综合运输体系的影响。

4. 公路技术等级的选用

公路技术等级的选用应在论证确定公路功能的基础上,结合项目所在地区的综合交通运输体系、远景发展规划及设计交通量论证,参照现行《公路路线设计规范》(JTG D20—2017)(以下简称《规范》)确定,并应遵循下列原则:

(1)主要干线公路作为公路网中结构层次最高的主通道,应选用高速公路。

(2)次要干线公路作为主要公路干线的补充,应选用二级及二级以上公路。

(3)主要集散公路连接干线公路与支线公路,宜选用一级公路、二级公路。

(4)次要集散公路服务于县乡区域交通,宜选用二级公路、三级公路。

(5)支线公路宜选用三级公路、四级公路。当设计交通量达到5000辆小客车/日时,宜选用二级公路。

（6）当既有公路不能满足功能需要时,应结合公路网发展规划,有计划地进行改建。

三、公路工程技术标准

公路工程技术标准是指一定数量的车辆在车道上以一定的设计速度行驶时,对路线和各项工程的设计要求,即把公路路线、构造物的设计、几何形式和尺寸、结构组成上的具体尺寸和要求用指标和条文的形式确定下来,即形成公路工程技术标准。公路工程技术标准是法定的技术要求,公路设计时必须遵守。各级公路的主要技术指标一般包括:设计速度、行车道数及宽度、路基宽度、最大纵坡、平曲线最小半径、行车视距、桥梁设计荷载等。《标准》规定的各级公路主要技术指标见表1-1。

各级公路的主要技术指标汇总表　　　　表1-1

公路等级			高速公路			一级公路			二级公路		三级公路		四级公路	
设计速度(km/h)			120	100	80	100	80	60	80	60	60	40	30	20
基本车道数(条)			≥4条			≥4条			2		2		2	1
车道宽度(m)			3.75			3.75		3.5	3.75	3.5	3.5	3.5	3.25	3.0 3.5
圆曲线最小半径(m)	极限值($i=8\%$)		650	400	250	400	250	125	250	125	125	60	30	15
	一般值		1000	700	400	700	400	200	400	200	200	100	65	30
	不设超高	路拱≤2%	5500	4000	2500	4000	2500	1500	2500	1500	1500	600	350	150
		路拱>2%	7500	5250	3350	5250	3350	1900	3350	1900	1900	800	450	200
竖曲线最小半径(m)	凸形	一般值	17000	10000	45000	10000	4500	2000	4500	2000	2000	700	400	200
		极限值	11000	6500	3000	6500	3000	1400	3000	1400	1400	450	250	100
	凹形	一般值	6000	4500	3000	4500	3000	1500	3000	1500	1500	700	400	200
		极限值	4000	3000	2000	3000	2000	1000	2000	1000	1000	450	250	100
竖曲线最小长度(m)			250	210	170	210	170	120	170	120	120	90	60	50
最大纵坡(%)			3	4	5	4	5	6	5	6	6	7	8	9
最小坡长(m)			300	250	200	250	200	150	200	150	150	120	100	60
行车视距(m)	停车		210	160	110	160	110	75	110	75	75	40	30	20
	会车		—	—	—	—	—	—	220	150	150	80	60	40
	超车		—	—	—	—	—	—	550	350	350	200	150	100
汽车荷载等级			公路—Ⅰ级						公路—Ⅱ级					
服务水平			三级						四级				—	

公路工程技术标准大体可以归纳为三类,即线形标准、载重标准、净空标准。对路线来说,关键是线形标准。由于我国幅员辽阔,各地的地理位置和自然条件各不相同,故对《标准》应该视具体情况,在满足基本要求的前提下结合工程实际灵活选用。

任务三　公路的基本组成及功能分析

(1) 掌握公路的概念。
(2) 明确公路路线设计的任务。
(3) 掌握公路的基本组成部分及其功能。

公路是在原地面上通过填挖所形成的带状物,由线形和结构两部分组成。为了保证公路在使用上能够满足汽车行驶安全、迅速、经济、舒适及美观的要求,公路在线形及结构上都必须合理。本任务根据图片或视频引导学生掌握公路的基本组成,并知道公路在线形和结构上的各详细组成部分及其功能。

公路是设置在大地上供各种车辆行驶的一种线形带状结构物,主要承受车轮荷载的反复作用并经受各种自然因素的长期影响和破坏。因此,公路不仅要有平顺的线形、合适的纵坡,还要有坚实稳定的路基,平整、防滑、耐磨的路面,牢固耐用的桥涵和其他人工构造物以及不可缺少的附属工程设施,以满足交通的需要。因此,公路包括线形和结构两个组成部分。

一、线形组成

公路线形是公路的骨架,它决定着整个公路的规划、设计、施工及以后的养护和营运,直接影响公路构造物设计、排水设计、土石方数量、路面工程等,对汽车行驶的安全、舒适、经济以及公路的通行能力等起着重要的作用,而且在公路建成以后,对公路沿线的经济发展、居民生活、土地利用以及自然景观、环境协调等都将产生很大的影响。因此,在公路设计中,通常将线形设计的质量作为一条公路总体效果评价的主要标志。图 1-2a) 视线中断,总体效果较差;而图 1-2b) 视线连续,线形平顺,总体效果较好。

a) 线形组合不协调,视线中断　　　　　　　　　　b) 路线平顺

图 1-2　公路路线线形

1. 公路线形设计的任务

公路线形设计的主要任务是满足汽车行驶安全、迅速、舒适、经济等方面的要求。因此,公路线形设计主要是确定公路在天然地面上的走向、位置、高度、宽度,即进行公路选线、平面设计、纵断面设计、横断面设计。公路由于受自然条件或地面上地物的限制,在平面上不可能是一条直线,在纵断面上不可能是一条水平线,公路在平面上有转折、纵断面上有起伏。在平面转折点处或纵断面起伏处,为了满足行车的顺畅、安全等要求,必须设置曲线,因此公路平面由直线、缓和曲线、圆曲线组成,纵断面设计线由直坡段和竖曲线组成。公路平面、纵断面结合起来,可以准确地定出公路的空间位置。

2. 公路对线形设计的基本要求

公路线形设计要结合沿线地形、地物等条件,合理运用各种线形要素进行线形组合,使线形与沿线地形、地物相适应,从而设计出技术合理、行车安全舒适、经济节约的线形。此外,线形设计还应注意使线形与周围环境相协调,使公路建设不破坏环境的自然景观,减少对环境的干扰,尽量利用环境、改造环境,使之协调、融为一体,见图1-3。

a) 路线与自然环境协调

b) 路线设计采用高架桥避免破坏环境

图1-3 公路路线与环境协调

二、结构组成

公路的结构组成主要包括路基、路面、桥涵、隧道及交通服务设施等。

1. 路基

(1) 路基的定义

路基是按照路线位置和一定的技术要求修筑的带状构造物,主要用土、石修筑而成,承受由路面传递下来的行车荷载,是支承路面的基础。

(2) 路基横断面组成

路基横断面由行车道、中间带、路肩、边沟、边坡、截水沟、护坡道、碎落台以及专门设计的取土坑、弃土堆、环境保护设施等组成。各部分的位置、名称见图1-4。

(3) 路基横断面形式

路基横断面形式通常有路堤、路堑、半填半挖路基三种基本形式,如图1-5、图1-6所示。

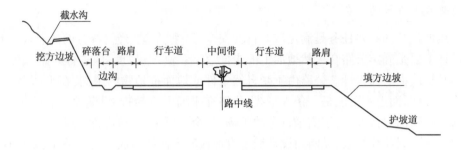

图1-4 路基横断面组成

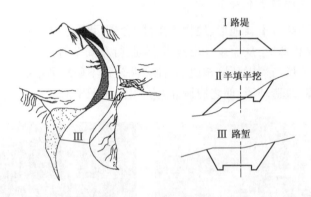

图1-5 路基横断面形式

a) 高填方路基(路堤)　　　　　　　　　　b) 挖方路基

图1-6 公路路基

(4) 路基排水

水是造成路基破坏的主要自然因素之一。为了排除地面水和地下水,保证路基使用寿命与强度,需设置公路排水系统。公路排水系统由各种拦截、汇集、输送及排放等排水设施组成。除桥梁、涵洞外,排水系统主要有路基边沟、截水沟、排水沟、暗沟、渗沟、渗井、排水隔离层、暗管、跌水与急流槽、渡槽等路基排水构造物,见图1-7。

(5) 路基防护

路基防护是指对于在横坡较陡的山坡上或沿河一侧路基边坡受水流冲刷威胁的路基,为保证路基的稳定,加固路基边坡所修建的构造物。

a)梯形边沟

b)浅碟形边沟

c)急流槽

d)截水沟

图 1-7　公路排水系统

路基防护工程是为了加固路基边坡,确保路基稳定而修建的结构物,见图 1-8。按其作用的不同,可分为坡面防护、冲刷防护和支挡构造物等三大类。路基边坡坡面防护一般有植物防护、坡面处治及护坡与护面墙等;冲刷防护除上述防护外,为调节水流流速及流向,防护路基免受水流冲刷,在沿河路基还可设置顺坝、丁坝、格坝等导流结构物;支挡构造物一般是指填(砌)石边坡、挡土墙、护脚及护面墙等。

a)挡土墙(路堑墙)

b)挡土墙(路堤墙)

图 1-8

c)护坡

d)植物护坡

图1-8　公路防护工程与挡土墙

2. 路面

公路路面是用各种材料或混合料,分单层或多层铺筑在路基顶面供车辆行驶的层状结构物,直接受车辆荷载作用和自然因素影响,见图1-9、图1-10。路面必须保证具有足够的强度、刚度、稳定性、平整度和抗滑性,以满足车辆在其表面能安全、迅速、舒适地行驶。

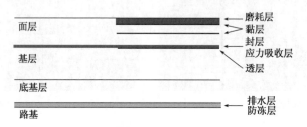

图1-9　路面结构层

a)水泥混凝土路面

b)沥青路面

图1-10　公路路面

3. 桥涵

道路在跨越河流、沟谷或其他障碍物时使用的构造物称为桥涵。单孔跨径 $L_0 \geq 5m$、多孔跨径总长 $L \geq 8m$ 时为桥梁,见图1-11a)、图1-12;反之,则称为涵洞,见图1-11b)、图1-13。

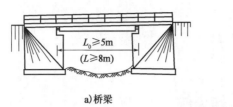
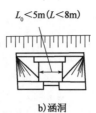

a)桥梁　　　　　　　　　　　b)涵洞

图 1-11　桥涵结构图

a)跨河桥　　　　　　　　　　b)立交桥

图 1-12　公路桥梁

a)明涵　　　　　　　　　　　b)暗涵

图 1-13　公路涵洞

4. 隧道

隧道是公路根据设计需要为穿越山岭、地下或水底而建造的构造物,见图 1-14。

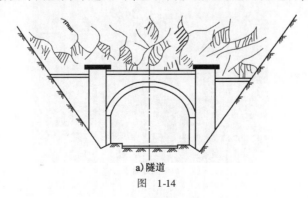

a)隧道

图 1-14

b)隧道出入口　　　　　　　　　　　　c)隧道内部

图1-14　公路隧道

5.交通服务设施

交通服务设施一般是指公路沿线设置的交通安全、养护管理、环境保护等设施,以保证行车的安全、迅速、舒适以及环境美观。交通服务设施一般有交通标志、交通标线、护栏、护墙、护柱、中央分隔带、隔音墙、隔离墙、照明设备、停车场、加油站、汽车修理站、养护管理房屋和绿化美化设施等,见图1-15。

a)柱式护栏　　　　　　　　　　　　b)标牌与波形护栏

c)中央分隔带

图　1-15

d)防眩板

e)隔音墙

图 1-15　公路服务设施

任务四　地形图的认知

 学习目标

(1)明确地形图的组成。
(2)明确公路勘测设计不同阶段对地形图的精度要求。
(3)掌握地形图的识图方法。

 任务描述

公路设计主要是在地形图上完成,而不同阶段的设计任务又有所不同。本任务主要通过展示地形图图片引导学生学习地物、地貌在地形图上的表示方法。要求学生结合公路设计文件,读懂地形图中包含的地形信息,为学生学习公路线形设计的相关内容提供基本的地形基础知识,加强其在线形设计时考虑地形影响因素的能力。

 相关知识

一、地形图的组成

1. 地形

地球表面高低不平,复杂多样。在测量中将地球表面上天然和人工形成的各种固定物,称为地物,它包括平原、湖泊、河流、海洋、房屋、道路和桥梁等;将地球表面高低起伏的形态,称为地貌,它包括山地、丘陵和平原等。地物和地貌合称为地形。

2. 地形图

地形图是通过测绘将地球表面某区域内的地物和地貌沿铅垂线方向正射投影到水平面上,并按一定的比例尺和规定的图式符号测绘到图纸上,这种表示地物和地貌平面位置和高程的图称为地形图,如图 1-16 所示。

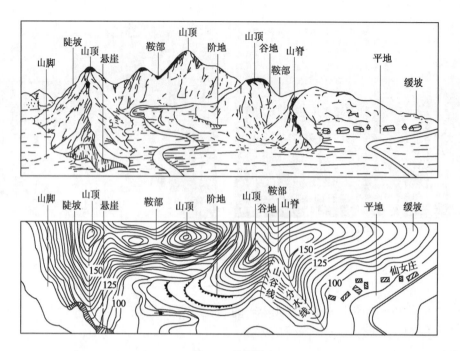

图 1-16 地形图

地形图上的地物、地貌是按一定的比例缩小绘制而成的。地形图上两点间的直线长度 d 与其相对应在地面上的实际水平距离 D 之比称为地形图比例尺。公路勘测设计时,比例尺常用数字比例尺表示,即

$$\frac{d}{D} = \frac{1}{\frac{D}{d}} = \frac{1}{M}$$

比例尺越大,表示的地物和地貌就越详细、准确,但测图的工作量也就越大。所以,采用何种测图比例尺,应从工程的实际需求和经济方面综合考虑,选择合适的比例尺,避免不必要的浪费。测图比例尺应根据公路设计的各个阶段、工程性质以及测区的地形、地貌等因素进行选用,以满足公路设计各阶段的需要为原则。地形图比例尺的选择见表1-2所示。

公路设计地形图比例尺的选择　　　　　表1-2

设计阶段或工程性质	比　例　尺	设计阶段或工程性质	比　例　尺
工程可行性研究	1:10000	施工图设计	1:1000、1:2000、1:5000
初步设计、技术设计	1:2000、1:5000	重要工点	1:500

二、地物、地貌在图上的表示方法

为了便于测图、识图和用图,在地形图上用各种简明、准确、易于判断实物的图形或符号来表示实地的地物和地貌,这些专门符号统称为地形图图式。地形图图式由国家测绘机关统一制定并颁布。它是测绘、编制、出版和使用地形图的重要依据,是识图和用图的重要工具。地形图图式中的符号分为三类:地物符号(表1-3)、地貌符号(图1-17)和注记符号。

地 形 图 图 例   表 1-3

编号	符号名称	图例	编号	符号名称	图例
1	坚固房屋 4-房屋层数	 坚4 1.5	12	菜地	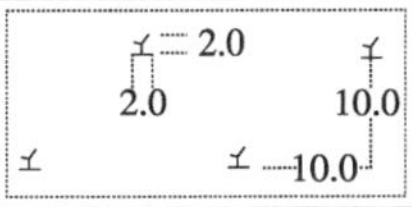 2.0 10.0 2.0 10.0
2	普通房屋 2-房屋层数	 2 1.5	13	高压线	 4.0
3	窑洞 1-住人的 2-不住人的 3-地面下的	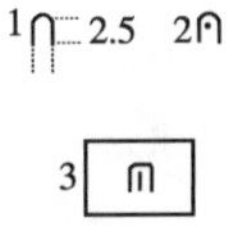 1 ∩ 2.5 2 ∩ 3 ⊓	14	低压线	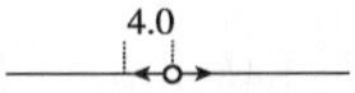 4.0
4	台阶	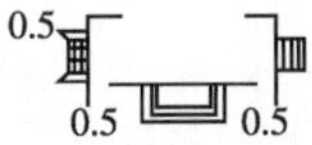 0.5 0.5 0.5	15	电杆	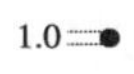 1.0 ●
5	花圃	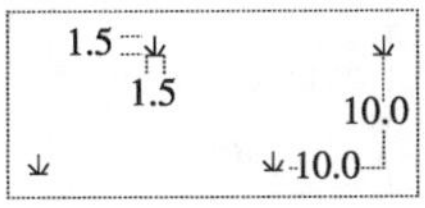 1.5 1.5 10.0 10.0	16	电线架	
6	草地	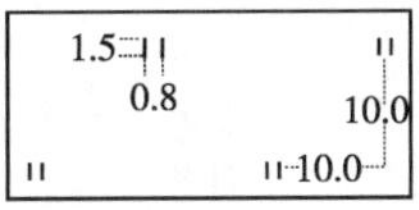 1.5 0.8 10.0 10.0	17	栅栏、栏杆	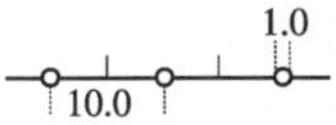 1.0 10.0
7	经济作物地	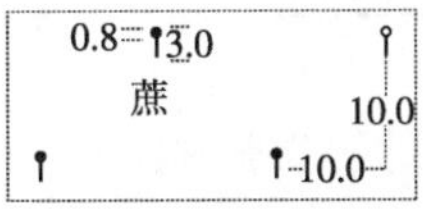 0.8 3.0 蔗 10.0 10.0	18	篱笆	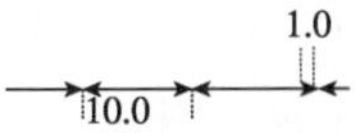 1.0 10.0
8	水生经济作物地	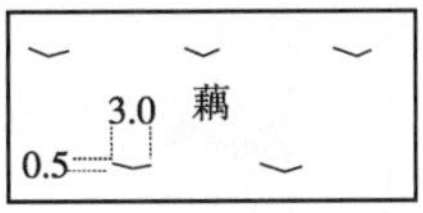 3.0 藕 0.5	19	活树篱笆	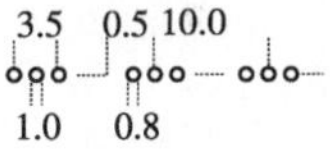 3.5 0.5 10.0 1.0 0.8
9	水稻田	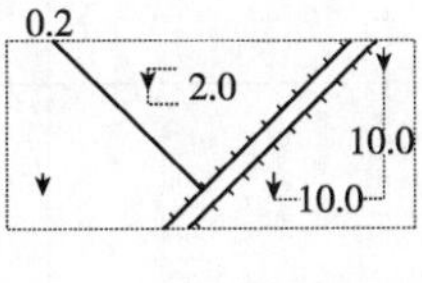 0.2 2.0 10.0 10.0	20	沟渠 1-有堤岸的 2-一般的 3-有沟堑的	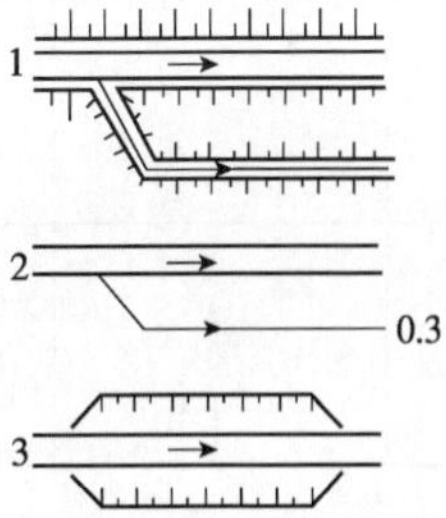 1 2 0.3 3
10	旱地	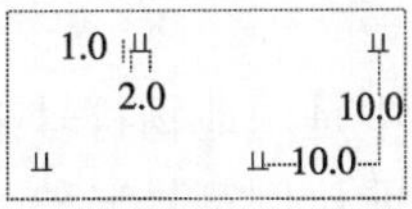 1.0 2.0 10.0 10.0	21	公路	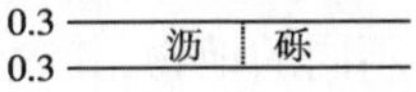 0.3 沥 砾 0.3
11	灌木林	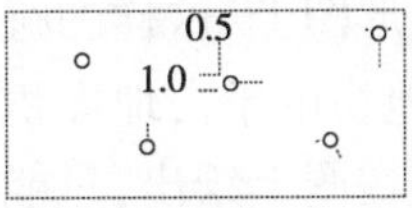 0.5 1.0	22	简易公路	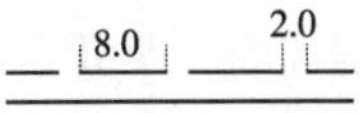 8.0 2.0

17

续上表

编号	符号名称	图例	编号	符号名称	图例
23	大车路	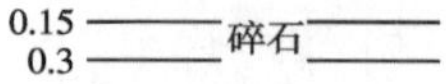 0.15 ——碎石—— 0.3	32	消火栓	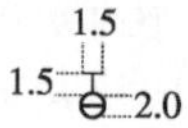 1.5 / 1.5–2.0
24	小路	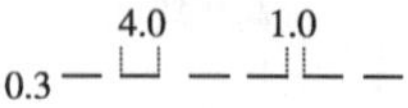 4.0 1.0 0.3	33	阀门	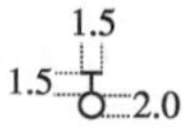 1.5 / 1.5–2.0
25	三角点 凤凰山-点名 394.468 高程	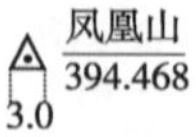 凤凰山 / 394.468 3.0	34	水龙头	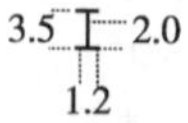 3.5–2.0 / 1.2
26	图根点 1-埋石的 2-不埋石的	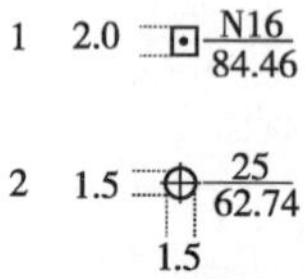 1 2.0 N16/84.46 2 1.5 25/62.74	35	钻孔	 30 ◎ 1.0
27	水准点	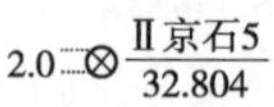 2.0 ⊗ Ⅱ京石5/32.804	36	路灯	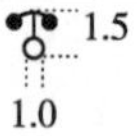 1.5 / 1.0
28	旗杆	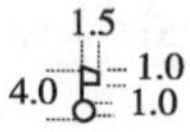 1.5 / 4.0 –1.0 / 1.0	37	独立树 1-阔叶 2-针叶	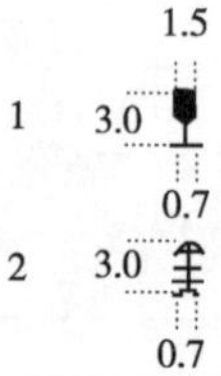 1.5 / 1 3.0 / 0.7 2 3.0 / 0.7
29	水塔	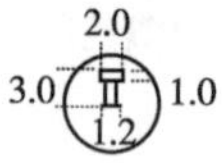 2.0 / 3.0 –1.0 / 1.2	38	岗亭、岗楼	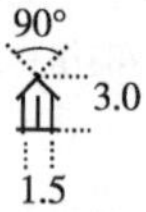 90° / 3.0 / 1.5
30	烟囱	 3.5 / 1.0	39	等高线 1-首曲线 2-计曲线 3-间曲线	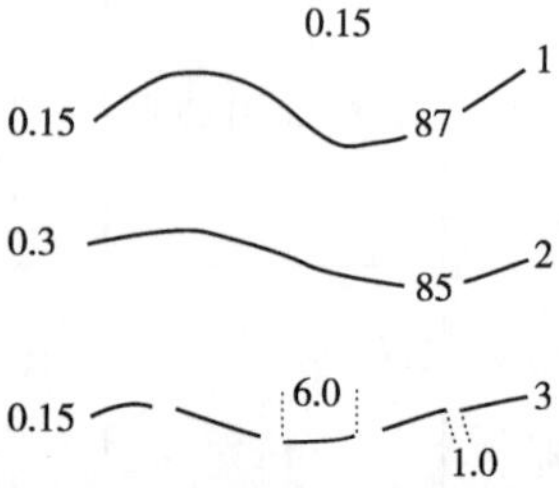 0.15 — 87 — 1 0.3 — 85 — 2 0.15 — 6.0 — 3 / 1.0
31	气象站(台)	 3.0 / 4.0 / 1.2			

1. 地物符号

不同的地物,其表示方法也不同,地物在地形图中是用地物符号来表示的。根据地物的特性和大小,地物符号可分为比例符号、半比例符号和非比例符号三种。有些占地面积较大的地物,可按其实际大小、形状和位置按比例尺缩绘在地形图上,这样的符号称为比例符号,如地面上的房屋、桥、旱田、湖泊、植被等地物符号;而有些地物由于占地面积很小,如三角点、导线点、水准点、水井、旗杆、烟囱、路灯等按比例尺缩小无法在图上绘出,只能用特定、统一尺寸的符号表示它的中心位置,这样的符号称为非比例符号;对于有些呈线状延伸的地物,如公路、铁路、管线、河流、渠道、围墙、篱笆、境界线等,在长度方向上可以按测图比例尺缩绘,在宽度上不能按比例尺缩绘,这样的符号称为半比例符号,也称线状符号。

需要指出的是,比例符号、半比例符号和非比例符号的使用界线是相对的,在不同比例尺的地形图上表示地面上同一地物,由于测图比例尺的变化,所使用的符号也会变化。某一地物在大比例尺地形图上用比例符号表示,而在中、小比例尺地形图上可能就变为非比例符号或半比例符号。

2. 地貌符号

1)等高线

地貌表示地球表面高低起伏的形态,在地形图上常用等高线表示,等高线是常见的地貌符号。

地面上高程相等的相邻各点连接的闭合曲线,称为等高线。如图1-17所示,设想有一座小岛在湖泊中,开始时水面高程为40m,则水面与山体的交线即为40m的等高线;如果湖泊水位不断升高,达到60m时,则山体与水面的交线为60m的等高线;以此类推,直到水位上升到100m时,淹没山顶而得100m的等高线。然后把这些实地的等高线沿铅垂线方向投影到水平面上,并按规定的比例尺缩绘在图纸上,便可得到与实地形状相似的等高线。

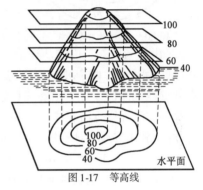

图1-17 等高线

2)等高距和等高线平距

相邻两等高线间的高差称为等高距,用 h 表示。在同一幅地形图上等高距是相等的,即在同一幅地形图上只能有一个等高距。通常按照测图比例尺和测区地形类别,来确定测图的基本等高距,见表1-4。等高距的选择应能反映测区的地形、地貌特征,保持图面清晰、标图方便。

地形图基本等高距　　　　表1-4

地形类别	不同比例尺的基本等高距(m)					
	1:500	1:1000	1:2000		1:5000	
			测绘	公路	测绘	公路
平原	0.5	0.5	1.0	1.0	2.0	1.0
微丘	0.5	1.0	2.0	1.0	5.0	2.0
重丘	1.0	1.0	2.0	2.0	5.0	5.0
山岭	1.0	2.0	2.0	2.0	5.0	5.0

相邻两等高线间的水平距离称为等高线平距,用 d 表示。它随实地地面坡度的变化而改变。h 与 d 的比值就是地面坡度 i,即

$$i = \frac{h}{d} \times 100\%$$

坡度常用百分率(%)或千分率(‰)表示,通常直线段所通过的地形高低起伏,是不规则的,因而所求的直线坡度实际为平均坡度。地面坡度和等高线平距有关。在同一幅地形图上等高距是相同的,因此,等高线密度越大,等高线平距越小,表示地面坡度越陡;等高线密度越

小,等高线平距越大,表示地面坡度越缓;等高线密度相同,等高线平距相等,表示坡度均匀。

3. 典型地貌的等高线

地貌的情况复杂多样,就其形态而言,可归纳为以下几种典型类型。

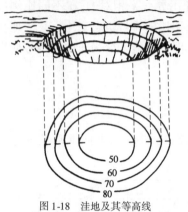

图1-18 洼地及其等高线

(1)山头与洼地。凡是凸出而高于四周的高地称为山,大的(山脚和山顶高差大于200m)称为山岳,小的称为山丘。山的最高点称为山顶。四周高、中间低的地形称为洼地。大范围低地称为盆地,小范围低地称为洼地。如图1-18所示,分别为山头与洼地的等高线,二者的等高线都是一组闭合曲线,为了区分山头与洼地,可在等高线上地性线方向加绘示坡线或者通过等高线处的高程注记加以区别。示坡线是垂直于等高线指向地面下降方向的短线,如果一组闭合的等高线,内圈的等高线高程注记大于外圈的等高线高程注记,说明是山丘;反之,即是洼地。

(2)山脊与山谷。山的凸棱由山顶延伸到山脚称为山脊。山脊最高点连成的棱线称为山脊线(或分水线)。两个坡向相反、坡度不一的斜坡相遇组合成的条形凹形地貌称为山谷。山谷最低点连成的棱线称为山谷线(或集水线)。山脊线和山谷线统称为地性线。山脊线和山谷线都要与等高线垂直正交。在一般工程设计中,要考虑地面水流方向、分水、集水等问题,因此,山脊线和山谷线在地形图测绘和应用中具有重要的作用。

如图1-19 a)、b)所示,山脊与山谷的等高线形状呈"U"字形,山脊的等高线的"U"字凸向低处,山谷的等高线的"U"字凸向高处。

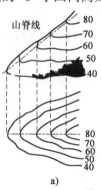
a)

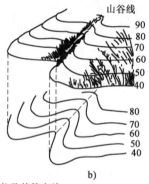
b)

图1-19 山脊与山谷及其等高线

(3)鞍部。相邻的两个山头之间会聚处呈马鞍形的凹地,称为鞍部,又称为垭口,鞍部既处于两山顶的山脊线的连接处,又是两集水线的顶端。如图1-20所示,用两簇相对的山脊和山谷的等高线表示。鞍部在山区公路道路的选用中是一个关键点,越岭道路常需要经过鞍部。

(4)悬崖。山的侧面称为山坡,上部凸出、下部凹入的山坡称为悬崖。悬崖及其等高线如图1-21所示,其凹入部分投影到水平面上后与其他等高线相交,俯视时隐蔽的等高线用虚线绘制。

(5)峭壁。近于垂直的山坡称为峭壁或称为绝壁、陡崖等。如图1-22所示,为峭壁的等高线,这种地形的等高线一般使用特定的符号(如该图的锯齿形的断崖符号)来绘制。

(6)其他。由于各种自然和人为的原因,在地面上形成了多种形态,如冲沟、陡坎、崩崖、滑坡、雨裂、梯田坎等。这些形态难以用等高线表示,绘图时可参照《地形图图式》按规定的符号进行绘制。图1-16即为某一地区综合地貌及其等高线地形图,可对照识别。

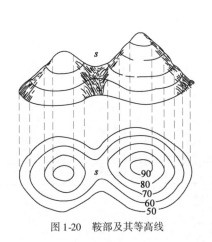
图 1-20 鞍部及其等高线

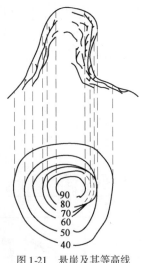
图 1-21 悬崖及其等高线

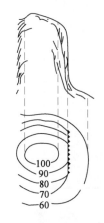
图 1-22 峭壁及其等高线

任务五　公路勘测设计的依据和程序认知

学习目标

（1）明确公路设计的依据。
（2）掌握各设计依据的作用。
（3）明确公路建设的程序。

任务描述

公路的主要服务对象是机动车,故其线形在设计上首先必须考虑设计速度、设计车辆、交通量等因素进行施工图的设计,再依据设计文件进行施工。本任务结合公路设计文件成果简要介绍,引导学生理解公路设计依据在设计过程中的作用,并通过公路建设程序示意图使学生知道公路各建设阶段对应的任务。

相关知识

一、公路设计依据

公路设计的控制要素和依据很多,但是最基本的是与汽车性能有关的因素和反映车辆这些特性的要求和条件,即设计车辆、设计速度(计算行车速度)和设计交通量。

1. 设计车辆

设计车辆是指道路设计时所采用的最具有代表性的车辆。道路上行驶的车辆主要是汽车,对于混合交通的公路还有一部分非机动汽车。汽车的行驶性能、外廓尺寸以及行驶于道路上的不同种类车辆的组成对于道路的几何设计具有决定性作用,例如路幅组成、车道宽度、弯道加宽、纵坡大小、行车视距、交叉口设计等都与设计车辆密切相关。因此,选择有代表性的车辆作为道路设计的依据是必要的。

道路上行驶的车辆种类较多,按使用目的、结构或发动机的不同有多种分类,《规范》对各种车辆进行了归类,作为公路设计依据的汽车可分为五类:小客车、载重汽车、大型客车、铰接列车和铰接客车。各类设计车辆的基本尺寸如表1-5和图1-23所示。

设计车辆外廓尺寸表　　　　　　　　　　　　　　表1-5

车辆类型	总长(m)	总宽(m)	总高(m)	前悬(m)	轴距(m)	后悬(m)
小客车	6	1.8	4	0.8	3.8	1.4
载重汽车	12	2.5	4	1.5	6.5	4
大型客车	13.7	2.55	4	2.6	6.5+1.5	3.1
铰接列车	18.1	2.55	4	1.5	3.3+11	2.3
铰接客车	18	2.5	4	1.7	5.8+6.7	3.8

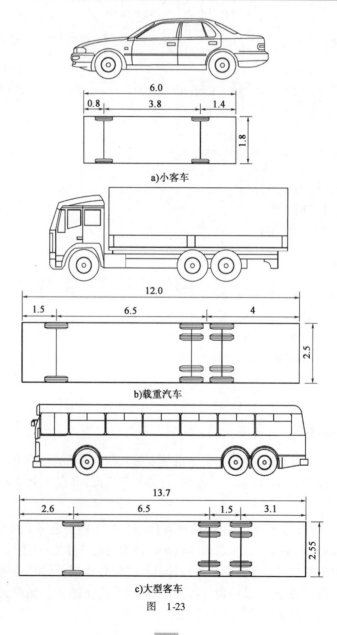

a)小客车

b)载重汽车

c)大型客车

图 1-23

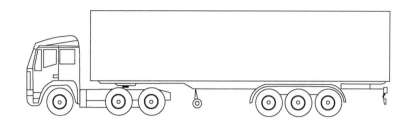

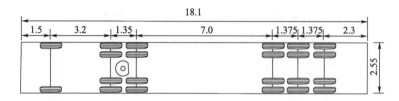

d) 铰接列车

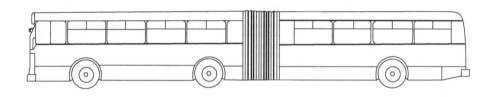

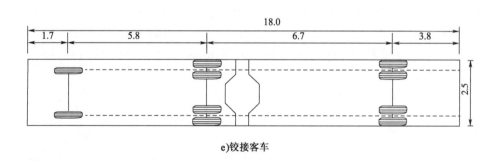

e) 铰接客车

图 1-23 设计车辆的外轮廓尺寸图(尺寸单位:m)

2. 设计速度(计算行车速度)

1)设计速度的概念

设计速度是指当气候条件良好、交通量密度小,汽车运行只受公路自身条件(几何要素、路面、附属设施等)的影响时,中等驾驶技术的驾驶员能保持安全、顺适行驶的最大行驶速度。

设计速度与行车速度是两个不同的概念。行车速度是指汽车在公路上的实际行驶速度,它受气候、地形、交通密度以及公路本身条件的影响,同时与驾驶员的技术也有很大的关系。在设计速度低的路段上,当行车条件(交通密度、气候、地形等)比较好时,行车速度常接近或超过设计速度。设计速度愈低,出现这种现象的概率愈大。考虑到这一特点,同一等级的公路按不同的条件应采用不同的设计速度。

2) 设计速度的作用

设计速度是决定公路几何线形的关键参数。《标准》根据车辆动力性能和地形条件,确定了不同等级公路的设计速度指标。设计速度一旦选定,公路的相关要素,如曲线半径、超高、视距、合成坡度、路幅宽度和竖曲线设计等指标,均需与其配合以获得均衡。所以说,设计速度是体现公路等级的一项重要指标。

3) 设计速度的规定

《标准》从工程难易程度、工程量大小及技术经济的合理性考虑,规定了各级公路的设计速度,供设计时结合交通需求的变化、技术经济的合理性、公路所在地形的协调性、视线与景观的互动性,做出合理的设计。《标准》规定的各级公路的设计速度见表1-6。

各级公路设计速度　　　　　　表1-6

公路等级	高速公路			一级公路			二级公路		三级公路		四级公路
设计速度(km/h)	120	100	80	100	80	60	80	60	60	40	30	20

公路设计速度的选用应根据公路功能与技术等级,结合地形、工程经济、预期运行速度和沿线土地利用性质等因素综合论证确定,应符合下列要求:

(1) 高速公路的设计速度不宜低于100km/h,目的是保证高速公路的安全和舒适。复杂地形条件下的高速公路大多选在一个区域走廊内,待经济发展后改造时,提升线形指标困难,故将80km/h作为高速公路设计速度的低限。

(2) 对于高速公路和作为干线公路的一级公路的特殊困难局部路段,经论证可以采用60km/h设计速度,并且要求一个设计路段的长度宜小于15km。

(3) 二级公路作为干线公路时,设计速度宜采用80km/h。二级公路作为集散公路时,混合交通量较大、平面交叉间距较小的路段,设计速度宜采用60km/h。二级公路位于地形、地质等自然条件复杂的山区时,经论证该路段的设计速度可采用40km/h。

(4) 三级公路作为支线公路时,设计速度宜采用40km/h;地形、地质等自然条件复杂的路段,设计速度可采用30km/h。

(5) 地形、地质等自然条件复杂的山区,或交通量很小的路段,可采用设计速度为20km/h的四级公路。

3. 交通量

交通量是指单位时间内通过公路某断面的交通流量(即单位时间通过公路某断面的车辆数目),它是确定公路等级的主要依据。交通量的大小与社会经济发展速度、气候、物产、文化生活水平等多方面因素有关,且随着时间、地点的不同而随机变化。其具体数值可通过交通调查和交通预测确定。

1) 年平均日交通量

交通量通常用年平均日交通量表达(简称AADT),即一年365天交通量观测结果的平均值,其表达式为:

$$AADT = \frac{1}{365}\sum_{i=1}^{365} Q_i \tag{1-1}$$

式中:AADT——年平均日交通量,辆/日;

Q_i——年内日交通量,辆/日。

2）设计交通量

设计交通量是指拟建公路到达预测设计年限时的年平均日交通量,它是规划道路、交通设施,确定道路等级,论证道路、交通设施建设可行性及费用的主要依据。设计交通量与公路使用的功能、任务和性质有关,目前一般按年平均增长率计算确定。

$$N_d = N_0 (1 + \gamma)^{t-1} \tag{1-2}$$

式中:N_d——达到设计年限时的年平均日交通量,辆/日;

N_0——起始年平均日交通量,辆/日;

γ——年平均增长率,%;

t——设计年限,按公路等级确定。

各级公路设计交通量的预测应符合下列规定:

(1)高速公路和具干线功能的一级公路的设计交通量预测年限,均规定为20年预测;具集散功能的一级公路,以及二、三级公路的设计交通量应按15年预测;四级公路交通量较小,设计年限根据实际情况确定,不排除合理地延长或减少。

(2)设计交通量预测的起算年应为该项目可行性研究报告中的计划通车年。

(3)设计交通量的预测应充分考虑走廊带范围内远期社会、经济的发展和综合运输体系的影响。

3）设计小时交通量

设计小时交通量是以小时为计算时段的交通量。设计小时交通量是确定公路等级、车道数、评价公路运行状态和服务水平的重要参数。设计小时交通量越小,公路的建设规模越小,建设费用也就越低。但是,不恰当地降低设计小时交通量会使公路的交通条件恶化、交通阻塞和交通事故增多,公路的综合经济效益降低。因此,必须选择适当的小时交通量作为设计小时交通量。

设计小时交通量宜采用年第30位小时交通量,即将一年中测得的8760个小时交通量,由大到小顺序排列,取序号为第30位的小时交通量作为设计小时交通量。如图1-24所示,在第30位小时交通量以上,曲线斜率急剧加大,第30位以下,曲线变化明显变缓,采用第30位小时交通量作为设计依据,每年只有29个小时的交通量超过设计小时交通量,保证率达99.67%。目前许多国家包括我国均采用第30位小时交通量作为设计依据。

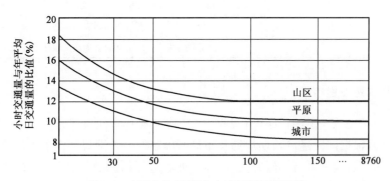

图1-24 年平均日交通量与小时交通量关系曲线

设计小时交通量计算公式如下:

$$N_h = N_d DK \tag{1-3}$$

式中:N_h——单向设计小时交通量,辆/h;

N_d——预测年度的年平均日交通量,辆/日;

D——方向不均匀系数,宜取 50%~60%,亦可根据当地交通量观测资料研究确定;

K——设计小时交通量系数,取值为新建公路可参照公路功能、交通量、地区气候、地形等条件相似公路的预测数据确定;缺乏资料的地区,一般平原区 $K=13\%\sim15\%$,山区 $K=15\%\sim17\%$。

4) 交通量换算

我国公路多为混合交通,公路设计必须有统一尺度时才能比较交通量的大小。为了求得交通量的统一尺度,《标准》规定在确定某公路的设计交通量时,应将各种车辆折算为标准车型。我国公路在设计时以小客车为标准车型。设计时应将公路行驶的各种车辆(含非机动车辆)按规定折合成小客车的年平均日交通量。确定公路等级的各汽车代表车型和车辆折算系数,见表 1-7。

各汽车代表车型与车辆折算系数 表 1-7

汽车代表车型	车辆折算系数	说明
小客车	1.0	座位≤19 座的客车和载质量≤2t 的货车
中型车	1.5	座位>19 座的客车和 2t<载质量≤7t 的货车
大型车	2.5	7t<载质量≤20t 的货车
汽车列车	4.0	载质量>20t 的货车

非汽车交通的交通量换算应符合下列规定:

(1) 公路上行驶的拖拉机每辆折算为 4 辆小客车。

(2) 被交支路车辆、路侧停车、畜力车、人力车、自行车等非机动车,街道化程度等影响因素按路侧干扰因素计,路侧干扰等级应符合表 1-8 的规定。

路侧干扰等级 表 1-8

路侧干扰等级		典型状况描述
1	轻微干扰	公路条件符合标准,交通状况基本正常,各类路侧干扰因素很少
2	较轻干扰	公路设施两侧为农田,有少量自行车、行人出行或横穿公路
3	中等干扰	公路穿过村镇或路侧偶有停车,被交支路有少量车辆出入
4	严重干扰	公路交通流中有较多的非机动车混合行驶
5	非常严重干扰	路侧设有集市、摊位,交通管理或交通秩序很差

二、公路基本建设程序

公路建设应该按照一定的程序进行,我国《公路工程基本建设管理办法》规定,公路工程基本建设程序为:根据国民经济长期规划及布局所确定的公路网规划提出项目建议书;通过调查,进行可行性研究,编制可行性研究报告;经批准后进行初测及初步设计;经批准后,列入国家年度基本建设计划,并进行定测及编制施工图;经批准后组织施工;完工后,进行竣工验收,最后交付使用。公路基本建设程序见图 1-25。这些程序必须循序渐进,不完成上一个阶段的工作就不能进入下一个阶段。所有新建及改建的大中型项目,都应严格按照程序进行;对于小型项目,可根据具体情况适当合并或删去某些程序。

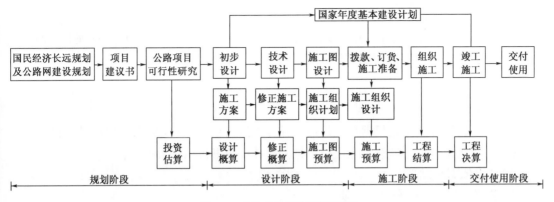

图 1-25 公路基本建设程序流程图

1. 规划阶段

1）项目建议书

项目建议书是要求建设某一具体建设项目的建议文件，是投资决策前对拟建项目的轮廓设想。项目建议书根据发展国民经济的长远规划和公路网建设规划提出。项目建议书的主要作用是对推荐的拟建项目的建设目的和要求、主要技术标准、原材料及资金来源等提出文字说明，并论述拟建项目建设的必要性、条件的可行性和获利的可能性，供有关部门选择并确定是否进行下一步工作。项目建议书并不是项目的最终决策。

项目建议书的内容包括：项目建设的必要性和依据；拟建项目的规模、建设地点、建设方案初步设想；拟建项目的资源情况、建设条件等初步设想；投资估算和资金筹措的设想；建设进度设想；经济效果和社会效益的初步估计。

2）公路工程可行性研究

可行性研究是基本建设前期工作的一项重要内容，是建设程序的组成部分，是建设项目决策和编制设计（计划）任务书的科学依据。可将其定义为"论证工程（或产品）建设项目的必要性、技术上的可行性和经济上的合理性，并论证何时修建及分期修建，提供决策的依据，分析宏观和微观经济，保证工程的经济效益"。工程可行性研究阶段，路线方案研究是在路线起终点、重要控制点和路线走向的基础上，对不同的路线走廊带方案和局部路线方案进行总体设计，提出工程规模，完成工程估算，进行方案比选论证，基本确定路线走廊带。

公路工程可行性研究一般包括下列内容：

(1) 总述（或概述）。主要论述任务依据和历史背景、研究范围、研究的主要结论、存在的主要问题和建议。

(2) 现有公路技术状况及问题。主要阐述现有公路技术状况和适应程度，拟建项目在交通网中的作用、存在的主要问题。

(3) 运输量和交通量发展预测。主要阐述项目所在地的经济特性、经济增长与存货运输增长的关系、交通调查情况和交通量发展预测。

(4) 公路建设规模及标准。主要论证公路等级和桥梁的结构规模、征地范围、技术标准等重要指标。

(5) 建设条件与方案选择。主要阐述地理位置、自然条件对工程方案、施工条件和工程造价的影响，社会环境及地方经济对建设项目的影响，工程方案的比选与推荐意见。

(6) 投资估算及资金筹措。根据主要工程数量、建设用地、拆迁数量做出投资估算，并说明资金来源和筹集办法。

(7)实施方案。提出设计和施工安排、工期和投资安排、工程管理和技术管理等方面的意见,对上述内容进行研究后写出工程可行性研究报告,作为工程项目的决策依据。

2. 设计阶段

1)设计(计划)任务书

公路勘测与设计工作是根据批准的设计任务书进行的,设计任务书由提出计划的主管部门下达或由下级单位编制后按规定上报审批。设计任务书包括以下内容:

(1)建设依据和意义。

(2)公路的建设规模和修建性质。

(3)路线基本走向和主要控制点。

(4)工程技术标准和主要技术指标。

(5)按几阶段设计,各阶段完成的时间。

(6)建设期限和投资估算,分期修建的应提出每期的建设规模和投资估算。

(7)施工力量的安排。

(8)路线示意图、工程数量、三材数量及投资估算表等。

2)公路勘测设计的技术依据

公路勘测设计主要的技术依据有:《公路工程技术标准》(JTG B01—2014)、《公路路线设计规范》(JTG D20—2017)、《公路路基设计规范》(JTG D30—2015)。

公路勘测设计相关的技术依据有:《公路勘测规范》(JTG C10—2007)、《全球定位系统(GPS)测量规范》(GB/T 18314—2009)、《工程测量规范》(GB 50026—2016)。

公路勘测设计其他的技术依据有:《公路工程基本建设项目设计文件编制方法》《公路工程勘察设计招标投标管理办法》《建设工程勘察设计管理条例》《公路环境保护设计规范》(JTG B04—2010)。

3)设计阶段的划分及每阶段的任务

设计文件是公路勘测设计的最后成果,经审查批准后成为公路施工的依据。其组成、内容和要求随设计阶段的不同而异。《公路工程基本建设项目设计文件编制办法》规定,公路工程基本建设项目的勘测设计阶段可分为一阶段设计、两阶段设计和三阶段设计。

(1)一阶段设计是施工图设计,适用于技术简单、方案明确的小型公路工程。即进行一次详细的定线测量,据以编制施工图设计和工程预算。

(2)两阶段设计即初步设计和施工图设计,适用于一般项目。

(3)三阶段设计即初步设计、技术设计和施工图设计三个阶段,适用于技术复杂、基础资料缺乏和不足的建设项目或建设项目中的个别路段、特大桥、互通式立体交叉、隧道等。

①初步设计阶段是根据批准的可行性研究报告、设计任务书(或测设合同),经过初步测量,编制初步设计文件和设计概算。

②技术设计阶段是在初步设计文件和设计概算批准后,通过补充测量,编制技术设计文件和修正概算。

③施工图设计阶段是根据批准的初步设计或技术设计文件,进行定线测量,编制施工图设计文件和施工预算,作为施工的依据。

采用一阶段设计、两阶段设计或三个阶段设计时,不论是新建公路还是改建公路,在公路勘测设计之前,均必须进行视察和工程可行性研究工作。视察和工程可行性研究虽不独立作为一个设计阶段,但它们是勘测设计前必须进行的一个重要步骤。

3. 施工阶段

公路施工包括路基施工、路面施工。其程序相同,施工程序一般包括施工前的准备工作、基本工作、检查和验收工作三个方面,如图1-26所示。当工程竣工验收后,即可进入营运阶段。

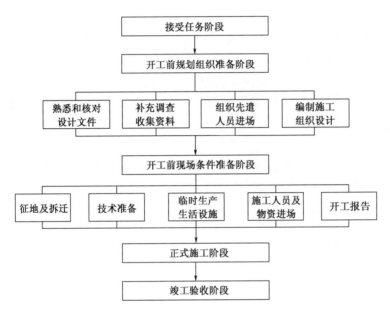

图1-26 公路施工程序示意图

习题与思考题

一、填空题

1. 公路设计的基本依据为_____、_____、_____;设计车辆分为_____、_____、_____、_____、_____五种。

2. 《公路工程技术标准》(JTG B01—2014)将公路分为_____、_____、_____、_____、_____5个等级。

3. 公路两阶段设计是经过初步测量,编制_____和_____;经过定线测量,编制_____和_____。

4. 高速公路和具有干线功能的一级公路的设计交通量应按_____预测;二级公路、三级公路的设计交通量应按_____预测;四级公路可根据实际情况确定。

5. 公路勘测设计根据项目的规模大小和技术的繁简程度不同可分为_____、_____和_____三种。

二、选择题

1. 高速公路和一级公路容许的交通组成是( )。
    A. 专供汽车行驶　　　B. 专供小客车行驶　　　C. 混合交通行驶
2. 《标准》中规定的各级公路所能适应的交通量是指( )。
    A. 年平均昼夜交通量　B. 日平均小时交通量　C. 最大日交通量
3. 公路设计交通量是指( )。
    A. 公路设计时的交通量
    B. 公路竣工开放交通时的交通量
    C. 设计年限末的交通量
4. 设计速度是决定公路( )的基本要素。
    A. 平面线形　　　　B. 纵面线形　　　　C. 横面线形　　　　D. 几何线形

三、简答题

1. 现代交通运输方式有哪些？与其他运输方式比较，公路运输有哪些特点？
2. 简述公路的基本组成。
3. 公路勘测设计的依据是什么？何谓设计速度？
4. 简述公路建设的基本程序。

四、文件认知题

施工图设计文件共有哪几部分？其顺序是什么？

项目二　公路平面测设

任务一　路线平面线形组成分析

(1) 明确平面线形组成。
(2) 熟悉最小圆曲线半径的含义及《标准》中提出的相关要求。
(3) 熟悉《规范》对直线的相关规定。
(4) 熟悉缓和曲线的相关计算及规定。
(5) 掌握平面线形组合类型。

公路是一个三维的空间带状构造物。一般所说的平面线形设计是指公路中线的位置,而公路的平面线形,由于其位置受自然地理、社会经济和技术条件等因素的制约,公路从起点到终点在平面上不可能是一条直线,而是由直线、圆曲线及缓和曲线组成。本任务通过公路图片或案例引导学生讨论分析公路线形组成,并分析《标准》对直线、圆曲线、缓和曲线技术指标的规定,最后使学生结合工程实例理解直线、圆曲线、缓和曲线技术指标在工程中的具体应用。

公路线形,主要是指公路中心线的空间线形。为研究方便和直观起见,对该空间线形进行三视图投影,如图 2-1 所示。路线在水平面上的投影称为路线的平面。沿中线竖直剖切并展开构成纵断面线形。中线上任意一点的法向切面构成横断面线形。公路线形的设计实际上是确定平面、纵断面及横断面线形的尺寸和形状,也就是通常所指的平面设计、纵断面设计和横断面设计。三者之间既相互联系又相互制约,因此在路线设计时,必须综合考虑。

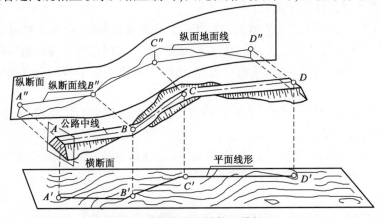

图 2-1　路线的平面、纵断面、横断面

公路的平面线形一般由直线段和曲线段组合而成。对平面线形而言,一般可分解为直线、圆曲线及缓和曲线,因此,对线形的研究,实际上是对直线、圆曲线和缓和曲线三要素的研究,即对此三要素进行恰当组合,切合实际,综合应用,以保证汽车在公路上能安全、顺适地运行。

一、直线

作为平面线形要素之一的直线是道路设计中使用最为广泛的一种线形。因为两点间直线距离最短,所以一般在定线时只要地势平坦、无大的障碍物,定线人员都优先考虑使用直线通过。

1. 直线的特点

直线具有视线良好、行车方向明确、路线短捷、选线容易等优点;但过长的直线会造成线形呆板,行车单调,易使驾驶员产生疲劳,也容易发生超车和超速行驶,行车时驾驶员难以估计车间距离,特别是夜间行车时,对向车灯容易产生眩光等缺点。

2. 直线长度限制

在进行公路平面线形设计时,一般应考虑路线所处地带的地形、地物条件,驾驶员的视觉、心理感受以及保证行车安全等因素。为了合理地布设直线路段,《规范》对直线的最大与最小长度作了规定。

1) 直线最大长度

各国对长直线的理解各有不同,苏联认为 8km 的长度为长直线,美国则以 180s 的行程控制,日本认为超过 20 倍的设计速度为长直线。我国地域辽阔,地形条件在不同的地区有很大的差别,对直线最大长度很难做出统一的规定。总的原则是:公路线形应该与地形相适应,与景观相协调,不强求长直线。我国已建成的多条高速公路,大多位于平原微丘区,在长直线的使用上参照了国外的规定并允许稍有增长。如京津塘高速公路和济青高速公路的直线长不超过 3.2km,沈大高速公路多次出现 5~8km 的长直线,最长的达 13km。据国内外调查研究显示,最大直线长度以汽车按设计速度行驶 70s 左右的距离控制为宜,直线长度不宜过长。调研中,各省对长直线的运用存在不同看法,也确有直线长度远远超过 20 倍设计速度的事例,但直线本身并无优劣之说,关键在于如何结合地形恰当运用。规范对直线的最大长度未做明确限定,仅规定"直线的长度不宜过长",给设计人员留下空间去作分析、判断,以使设计更加符合实际。

2) 采用长直线时的技术措施

任何情况下都要避免追求长直线的错误倾向。若采用长直线,则应采取相应的技术措施。

(1) 在长直线上纵坡不宜过大,因为长直线加陡坡,下坡时很容易导致超速行车。

(2) 长直线与大半径凹形竖曲线组合为宜,这样可以使生硬呆板的直线得到一些缓和或改善。

(3) 道路两侧地形过于空旷时,宜采取种植不同树种或设置一定建筑物、雕塑、广告牌等措施,以改善单调的景观。

(4) 长直线或长下坡尽头的平曲线,除曲线半径、超高、视距等必须符合规定要求外,还必须采取设置标志、增加路面抗滑能力等安全措施。

3) 直线的最小长度

相邻曲线间应有一定的直线长度,曲线间的直线长度是指前一曲线的终点至后一曲线的起点之间的长度。

(1)同向曲线间的直线最小长度。同向曲线是指两个转向相同的相邻曲线间以直线相连的平面线形。当直线长度很短时,在视觉上容易形成直线与两端的曲线构成反弯的错觉,使整个组合线形缺乏连续性,形成所谓的"断背曲线"。《规范》规定,同向曲线直线最小长度(以 m 计)以不小于设计速度(以 km/h 计)的 6 倍为宜,即 $L_1 \geq 6V$,见图 2-2a);条件受限制时,同向曲线间直线长度不应小于设计速度的 3 倍。

(2)反向曲线间的直线最小长度。反向曲线是指两个转向相反的相邻曲线间以直线相连所形成的平面线形。由于两弯道转弯方向相反,考虑其超高和加宽缓和的需要以及驾驶员的操作方便,对其间的直线最小长度应予以限制。《规范》规定,反向曲线间直线最小长度(以 m 计)以不小于设计速度(以 km/h 计)的 2 倍为宜,即 $L_2 \geq 2V$,见图 2-2b);条件受限制时,反向曲线间直线长度不应小于按设计速度行驶 3s 的行程长度。

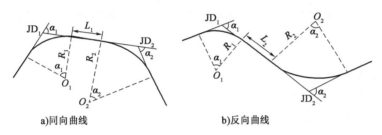

a)同向曲线　　　　b)反向曲线

图 2-2　同向曲线与反向曲线间的直线最小长度

(3)相邻回头曲线间的直线最小长度。回头曲线是指山区公路为克服高差在同一坡面上回头展线时所采用的曲线,如图 2-3 所示。《规范》规定,在回头曲线之间,前一回头曲线的终点至后一回头曲线的起点的距离宜满足表 2-1 的要求。

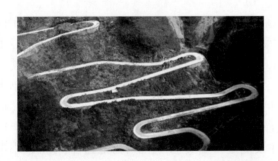 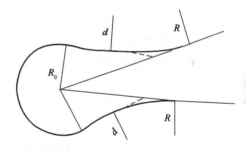

图 2-3　回头曲线

回头曲线间最小直线长度　　　　表 2-1

公 路 等 级	直 线 长 度	
	一般值(m)	低限值(m)
二级公路	200	120
三级公路	150	100
四级公路	100	80

3.直线的运用条件

适宜采用直线的地点有:

(1)路线不受地形、地物限制的平原区或山间的开阔谷地。

(2)市镇及其近郊或规划方正的农耕区等以直线为主体的地区。
(3)为缩短构造物长度以便于施工的长大桥梁、隧道路线。
(4)为争取较好的行车和通视条件的平面交叉前后。
(5)双车道公路在适当间隔内设置一定长度的直线,以提供较好条件的超车路段。

二、圆曲线

圆曲线是平面线形中的主要组成部分。在平面线形的拐弯处一般都设有圆曲线,圆曲线由于具有与地形适应性强、可循性好、线形美观和易于测设等优点,使用十分普遍。

1. 圆曲线半径

汽车在曲线上行驶受到重心和离心力的影响。离心力的产生会使汽车产生滑移和倾覆。

1)公式与因素

由汽车行驶理论,根据汽车行驶在圆曲线上力的平衡可知圆曲线半径计算公式为:

$$R = \frac{v^2}{127(\mu \pm i)} \tag{2-1}$$

式中:R——圆曲线半径,m;

v——各级公路的设计速度,km/h;

μ——最大横向力系数;

i——路拱横向坡度,%。

2)横向力系数

横向力系数是汽车单位重力下横向力的大小,即

$$\mu = \frac{X}{G}$$

由式(2-1)可知,圆曲线半径越大,横向力系数就越小,汽车行驶就越稳定。所以从汽车行驶稳定性出发,圆曲线半径越大越好。但有时受地形、地质、地物等因素的限制,圆曲线半径不可能设置得很大,往往会采用小半径的圆曲线,这时如果半径选用得太小,就会使汽车行驶不安全,甚至翻车。所以必须综合考虑汽车安全、迅速、舒适和经济,兼顾美观,使确定的最小半径能满足某种程度的行车要求,这种最起码的半径数值就是圆曲线的最小半径限制值。《标准》根据各级公路的不同要求,规定了圆曲线最小半径有三类:极限最小半径、一般最小半径和不设超高的最小半径。其中极限最小半径主要满足行车安全,适当考虑舒适性;一般最小半径已具有较好的安全性和舒适性;不设超高的最小半径是指即使不设超高也能保证其安全性和舒适性。

在一定车速 v 的条件下,要满足三类最小半径不同要求的安全性和舒适性,关键在于横向力系数 μ 值的合理确定。

(1)行车安全性分析

汽车在弯道上安全行驶的必要条件是轮胎不会在路面上产生滑移,即要求横向力系数 μ 要小于或等于轮胎与路面间的横向摩阻力系数 φ,即

$$\mu \leq \varphi \tag{2-2}$$

式中:φ——轮胎与路面间的横向摩阻系数。

(2)舒适性分析

根据国内外大量资料分析,乘客随 μ 值变化的心理反应如下:

当 μ < 0.10 时,感觉不到有曲线存在,很平稳,近似于在直线上行驶。

当 μ < 0.15 时,感到有曲线存在,但尚平稳。

当 μ < 0.20 时,感到有曲线存在,略感不平稳。

当 μ < 0.35 时,感到明显不平稳。

当 μ < 0.4 时,感到非常不平稳,有倾倒的危险感。

由此可知,从乘客的舒适性出发,设计用的 μ 值最大不宜超过 0.17。

3)圆曲线最小半径的确定

行驶在曲线上的汽车由于受到离心力的作用,其稳定性受到了影响,离心力的大小又与曲线半径密切相关,半径越小越不利。所以在选择曲线半径时,应尽可能采用较大的半径值,只有在地形或其他条件受到限制时才可使用较小的曲线半径。为了行车安全与舒适,我国《标准》规定了圆曲线的最小半径,见表2-2。

(1)极限最小半径。极限最小半径是路线设计中各级公路所能允许的极限值,其 μ 值的选用,主要满足安全要求,兼顾舒适性,因此在非特殊困难的情况下,一般不轻易采用。

极限最小半径可按式(2-3)计算:

$$R_{\min} = \frac{v^2}{127(\mu_{\max} + i_{h\max})} \tag{2-3}$$

式中:v——设计速度,km/h;

$R_{\min}$——极限最小半径,m;

$\mu_{\max}$——极限最小半径所对应的横向力系数,见表2-3;

$i_{h\max}$——最大超高横坡度,见表2-3。

圆曲线最小半径　　　　表2-2

设计速度(km/h)		120	100	80	60	40	30	20
圆曲线最小半径(一般值)(m)		1000	700	400	200	100	65	30
圆曲线最小半径（极限值）(m)	$I_{\max}=4\%$	810	500	300	150	65	40	20
	$I_{\max}=6\%$	710	440	270	135	60	35	15
	$I_{\max}=8\%$	650	400	250	125	60	30	15
	$I_{\max}=10\%$	570	360	220	115	—	—	—

注:"一般值"为正常情况下的采用值;"极限值"为条件受限时可采用的值;$I_{\max}$为采用的最大超高值;"—"为不考虑采用对应最大超高值的情况。

圆曲线最小半径的横向系数及超高值　　　　表2-3

设计速度(km/h)	120	100	80	60	40	30	20
横向力系数	0.10	0.12	0.13	0.15	0.15	0.16	0.17
超高值(%)	6	6	6	6	6	6	6
	8	8	8	8	8	8	8
	10	10	10	10	10	10	10

(2)一般最小圆曲线半径。为避免在路线设计时只考虑节约投资,不考虑线形的整体协调和今后提高公路等级而过多采用极限最小半径的片面倾向,同时也要考虑在地形比较复杂的情况下不会过多地增加工程量,并具有充分的舒适感。为此,《标准》规定了"一般最小半径"。一般最小半径可按式(2-4)计算:

$$R_{一般} = \frac{v^2}{127(\mu + i_h)} \tag{2-4}$$

式中：$R_{一般}$——一般最小半径，m；

i_h——路拱超高横坡度，见表 2-3；

μ——一般最小半径所对应的横向力系数，见表 2-3。

(3)不设超高的最小圆曲线半径。在设计速度一定时，当圆曲线半径较大时，则离心力较小，此时弯道即使采用与直线相同的双向路拱断面时，离心力对外侧车道上行驶的汽车的影响也很小，因此，我国《标准》规定了"不设超高的圆曲线最小半径"。不设超高的最小圆曲线半径可按式(2-5)计算。

$$R_{免} = \frac{v^2}{127(\mu - i_1)} \tag{2-5}$$

式中：$R_{免}$——不设超高最小半径，m；

i_1——路拱横坡度，二级及二级以上等级公路时，取 $i_1 = 0.01 \sim 0.02$；二级以下公路时，取 $i_1 = 0.03 \sim 0.04$；

μ——不设超高横向力系数，一般取 $\mu = 0.035 \sim 0.06$。

式中"－"表示汽车在公路圆曲线外侧行驶。

根据公式计算并结合我国的具体情况，《标准》规定了各级公路不设超高的最小圆曲线半径，见表 2-4。

不设超高的圆曲线最小半径 表 2-4

设计速度(km/h)		120	100	80	60	40	30	20
不设超高最小半径(m)	路拱≤2%	5500	4000	2500	1500	600	350	150
	路拱>2%	7500	5250	3350	1900	800	450	200

不设超高的最小圆曲线半径是判断圆曲线设不设超高的一个界限。当圆曲线半径大于或等于该设计车速对应的不设超高的最小半径时，圆曲线横断面采用与直线相同的双向路拱横断面，不必设计超高；反之，则采用向内倾斜单向超高横断面形式。

2. 圆曲线半径的运用

选用圆曲线半径时既要满足技术合理的要求，又要注意经济适用；既不能盲目追求高标准（大半径）而过分增加工程量，也不能仅考虑眼前通行要求而降低标准。在运用圆曲线最小半径时应遵循如下原则：

(1)在选用圆曲线半径时，应与设计速度相适应，并应尽可能选用较大的圆曲线半径。

(2)在地形、地物等条件许可时，优先选用大于或等于不设超高的最小半径；一般情况下宜采用极限最小曲线半径的 4~8 倍或超高为 2%~4% 的圆曲线半径；当地形条件受限制时，应采用大于或接近一般最小半径的圆曲线半径。在自然条件特殊困难或受其他条件严格限制而不得已时，方可采用极限最小半径。

(3)在桥位处两端设置圆曲线时，应大于一般最小半径；当隧道内必须设置圆曲线时，应大于不设超高的最小半径。

(4)《规范》规定圆曲线最大半径不宜超过 10000m。

3. 圆曲线计算

(1)如图 2-4 所示，圆曲线的曲线要素如式(2-6)所示。

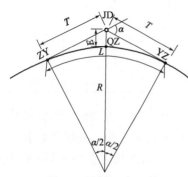

图 2-4 圆曲线几何要素

切线长：$\quad T = R \cdot \tan\dfrac{\alpha}{2}$

曲线长：$\quad L = \dfrac{\pi}{180°}\alpha R$ 　　　　　　　　(2-6)

外距：$\quad E = R\left(\sec\dfrac{\alpha}{2} - 1\right)$

切曲差：$\quad D = 2T - L$

式中：T——切线长，m；

　L——曲线长，m；

　E——外距，m；

　D——切曲差(或校正值)，m；

　R——圆曲线半径，m；

　α——转角，(°)。

(2)圆曲线主点桩号计算。公路中线里程桩亦称中桩，是指从路线起点沿实际路线到本桩间的水平距离。如某桩点距路线起点的里程为1362.08m，则桩号记为 K1+362.08。

交点 JD 的里程桩号是由中线丈量得到的，根据交点 JD 的里程桩号和圆曲线要素，即可推算出圆曲线上各主点里程桩号。如图 2-4 可知：

$$\left.\begin{aligned} ZY(直圆)桩号 &= JD桩号 - T \\ YZ(圆直)桩号 &= ZY桩号 + L \\ QZ(曲中)桩号 &= YZ桩号 - \dfrac{L}{2} \\ JD(交点)桩号 &= QZ桩号 + \dfrac{D}{2}(校核) \end{aligned}\right\} \quad (2-7)$$

【工程实例 2-1】　设某交点 JD 里程为 K2+968.43，圆曲线半径 $R = 200$m，测得其转角 $\alpha = 34°12'$。试计算圆曲线各要素和各主点桩号里程。

解：1.计算各曲线要素

$$T = 200 \times \tan 17°06' = 61.53 \text{ (m)}$$
$$L = 0.017453 \times 200 \times 34°12' = 119.38 \text{ (m)}$$
$$E = 200(\sec 17°06' - 1) = 9.25 \text{ (m)}$$
$$D = 2 \times 61.53 - 119.38 = 3.68 \text{ (m)}$$

2.计算各主点的桩号

```
         JD      K2 +968.43
       -)T             61.53
       ─────────────────────
         ZY      K2 +906.90
       +)L            119.38
       ─────────────────────
         YZ      K3 +026.28
       -)L/2           59.69
       ─────────────────────
         QZ      K2 +966.59
       +)D/2            1.84
       ─────────────────────
         JD      K2 +968.43 (计算无误)
```

37

三、缓和曲线

1. 设置缓和曲线的条件

当圆曲线半径小于不设超高的最小半径,公路等级在三级及三级以上时,应在直线和圆曲线间设置缓和曲线以满足曲率半径逐渐过渡的要求。

2. 缓和曲线的作用与性质

1) 缓和曲线的作用

(1) 有利于驾驶员操纵转向盘。汽车从直线进入圆曲线,或从大半径圆曲线驶入小半径圆曲线时,插入缓和曲线,可使汽车前轮转向角逐渐从0°至α°转向,从而有利于驾驶员操纵转向盘,保证安全行驶。

(2) 消除离心力的突变,提高乘客的舒适性。在直线段中,离心力为零;在圆曲线上,离心力最大。当插入缓和曲线时,因为缓和曲线的曲率是逐渐变化的,可以消除离心力的突变,从而保证乘客舒适与行车稳定。

(3) 满足超高和加宽的过渡。当圆曲线上有超高与加宽时,由直线段上无超高及加宽过渡到圆曲线的全超高及全加宽时,必须有一个缓和段。设置了缓和曲线就可以在缓和曲线完成超高及加宽的逐渐过渡。

(4) 与圆曲线配合得当,线形美观。圆曲线与直线径向连接,在连接处曲率突变,驾驶员在视觉上有不平顺的感觉。设置缓和曲线后,使线形连续圆滑,增加线形的美观,同时使驾驶员有良好的视觉效果和心理感受。

2) 缓和曲线的性质

(1) 汽车行驶轨迹方程。当汽车逐渐由直线驶入圆曲线时,假定汽车匀速行驶,且驾驶员操作转向盘做匀角速转动,当转向盘转动角度为 φ 时,前轮相应转动角度为 φ,如图 2-5 所示。

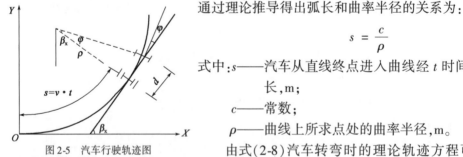

图 2-5 汽车行驶轨迹图

通过理论推导得出弧长和曲率半径的关系为:

$$s = \frac{c}{\rho} \tag{2-8}$$

式中:s——汽车从直线终点进入曲线经 t 时间后行驶的弧长,m;

c——常数;

ρ——曲线上所求点处的曲率半径,m。

由式(2-8)汽车转弯时的理论轨迹方程可知,汽车从直线进入圆曲线后,其行驶轨迹的弧长与曲线的曲率半径的乘积为常数,即弧长和半径成反比。

(2) 缓和曲线形式——回旋线。从回旋线的数学定义可知,其曲率半径 ρ 与曲线上某一点至该曲线起点之距离 s 成反比(回旋线是曲率半径 ρ 随曲线长度增长而减小的曲线),即

$$\rho = \frac{c}{s} \tag{2-9}$$

式(2-9)与式(2-8)中汽车转弯时的理论行驶轨迹完全吻合,即用回旋线作为缓和曲线,有充分的理论依据。我国《标准》规定缓和曲线采用回旋线。

令式(2-9)中 $c = A^2$，则：

$$s = \frac{A^2}{\rho} \qquad (2\text{-}10)$$

式中：s——汽车从直线终点进入曲线经 t 时间后行驶的弧长，m；
　　　A——回旋线参数；
　　　ρ——曲线上某点曲率半径，m。

令 $s = l_h$，$\rho = R$，则由式(2-10)得：

$$l_h = \frac{A^2}{R} \qquad (2\text{-}11)$$

回旋线参数 A 的确定：

$$R \cdot l_h = A^2$$
$$A = \sqrt{R \cdot l_h}$$

式中：R——圆曲线半径，m；
　　　l_h——缓和曲线长度，m。

只要设计选定圆曲线半径和缓和曲线长度，即可确定回旋线参数。

3. 缓和曲线最小长度

缓和曲线的最小长度应能满足直线与圆曲线平顺过渡，限制离心力突变，并保证有必要的时间顺适驾驶员操纵转向盘。

(1)从乘客感觉舒适度考虑，对离心加速度增长率应加以控制。

(2)从行驶时间恰当角度考虑，一般认为，汽车在缓和曲线上行驶的时间最少为3s。

(3)从超高渐变率适中考虑：超高渐变率是指在缓和曲线上设置超高缓和段后，因路基外侧由双向横坡逐渐变成单向超高横坡所产生的附加纵坡。由于在缓和曲线上要完成超高过渡，设置超高缓和段时，如果缓和曲线太短，使超高渐变太快，不但对行车和路容不利，还影响到舒适性；如果缓和曲线太长，使超高渐变率太小，则对排水不利。《规范》规定了适中的超高渐变率，由此可导出计算缓和曲线最小长度的计算公式。

超高缓和段长度计算公式为：

$$\left. \begin{array}{l} l_c = \dfrac{b' \cdot \Delta i}{p} \\[6pt] l_h \geq l_c = \dfrac{b' \cdot \Delta i}{p} \end{array} \right\} \qquad (2\text{-}12)$$

式中：l_c——超高缓和段长度，m；
　　　l_h——缓和曲线最小长度，m；
　　　b'——旋转轴至行车道(设路缘带时为路缘带)外侧边缘的宽度，m；
　　　Δi——超高旋转轴外侧的最大超高坡度与原路拱坡度的代数差，%；
　　　p——超高渐变率，参考表2-9。

(4)从视觉平顺感考虑：根据视觉要求，缓和曲线的起点和终点的切线角 β 宜在 3°~29° 之间，这样可获得良好的视觉效果，如图2-6所示。

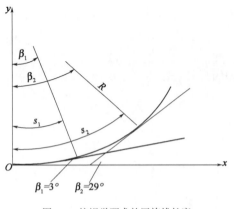

图 2-6 按视觉要求的回旋线长度

而
$$\beta = \frac{l_h}{2R}$$

$$R = \frac{A^2}{l_h}$$

则
$$\beta = \frac{l_h^2}{2A^2} \quad (2\text{-}13)$$

将 $\beta = 3°$ 及 $\beta = 29°$ 代入式(2-13),得:

$$\frac{R}{3} \leq A \leq R \quad (2\text{-}14)$$

或
$$s_1 \leq l_h \leq s_2 \quad (2\text{-}15)$$

按上述四点要求,计算缓和曲线长度的公式与设计速度关系最大,与半径的关系则有差异。为此,《标准》规定按设计速度来确定缓和曲线最小长度,同时考虑了行车时间和附加纵坡的要求,因此在相同设计速度的公路上,不论曲线半径大小如何,都可取同一个缓和曲线长度。

(5)缓和曲线长度取值。各级公路最小缓和曲线长度见表2-5。选用缓和曲线长度时宜取5m的整倍数。缓和曲线长度应随圆曲线半径的增大而增大。圆曲线按规定需设置超高时,缓和曲线长度应不小于超高缓和段长度。

缓和曲线最小长度 表 2-5

设计速度(km/h)	120	100	80	60	40	30	20
缓和曲线最小长度(m)	100	85	70	50	35	25	20

注:四级公路为超高、加宽缓段长度。

4. 缓和曲线的计算

1) 切线角

(1)缓和曲线上任意一点的切线角 β_x。缓和曲线的切线角,是指缓和曲线上任意一点的切线与缓和曲线起点的切线所成夹角。如图 2-7 所示,以缓和曲线起点(ZH 或 HZ)为坐标原点,以该点切线为 x 轴,法线为 y 轴,缓和曲线上任意一点 P 的切线与起点(ZH 或 HZ)切线相交所组成的角为 β_x,设 P 点处曲率半径为 ρ,曲线长度为 l,P 点坐标为 (x,y)。

$$d\beta_x = \frac{dl}{\rho}$$

$$\beta_x = \int d\beta_x = \int \frac{dl}{\rho}$$

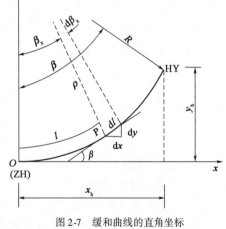

图 2-7 缓和曲线的直角坐标

将 $\rho = A^2/l$ 代入并积分得:

$$\beta_x = \int \frac{l \, dl}{A^2} = \frac{l^2}{2A^2} = \frac{l^2}{2Rl_h} \cdot \frac{180°}{\pi} \quad (2\text{-}16)$$

式中：l——从缓和曲线起点 ZH(HZ) 至缓和曲线上任意一点的弧长，m；

l_h——缓和曲线全长，m；

R——缓和曲线终点 HY(YH) 处的半径，即圆曲线半径，m；

β_x——缓和曲线任意一点的切线角。

(2) 缓和曲线总的切线角 β。在 l_h 终点处 $l = l_h$，将 $\rho = R$ 代入式(2-16)，则得：

$$\beta = \frac{l_h}{2R} \cdot \frac{180°}{\pi} \tag{2-17}$$

式中：β——缓和曲线终点 YH(HY) 处的切线角。

2) 缓和曲线直角坐标

在图 2-7 中，任意一点 P 处有一微分弧段 dl，其所对应的中心角为 $d\beta_x$，则：

$$\begin{cases} dx = dl \cdot \cos\beta_x \\ dy = dl \cdot \sin\beta_x \end{cases}$$

将 $\sin\beta_x$ 及 $\cos\beta_x$ 用函数幂级数展开可得：

$$\begin{cases} dx = dl\left(1 - \dfrac{\beta_x^2}{2!} + \dfrac{\beta_x^4}{4!} - \dfrac{\beta_x^6}{6!} + \cdots\right) \\ dy = dl\left(\beta_x - \dfrac{\beta_x^3}{3!} + \dfrac{\beta_x^5}{5!} - \dfrac{\beta_x^7}{7!} + \cdots\right) \end{cases}$$

积分后略去高次项并化简得：

$$\begin{aligned} x &= l - \frac{l^5}{40R^2 l_h^2} \\ y &= \frac{l^3}{6R l_h} - \frac{l^7}{336 R^3 l_h^3} \end{aligned} \tag{2-18}$$

式中：x——缓和曲线上任意一点的横坐标；

y——缓和曲线上任意一点的纵坐标；

其余符号意义同前。

当 $l = l_h$ 时，则缓和曲线终点的坐标为：

$$\begin{aligned} x_h &= l_h - \frac{l_h^3}{40R^2} \\ y_h &= \frac{l_h^2}{6R} - \frac{l_h^4}{336R^3} \end{aligned} \tag{2-19}$$

式中：x_h——缓和曲线终点处的横坐标；

y_h——缓和曲线终点处的纵坐标；

其余符号意义同前。

3) 缓和曲线常数

为了能在直线与圆曲线之间插入缓和曲线，必须将原有圆曲线向内移动一定的距离 p，才能使缓和曲线的起点切于直线上。圆曲线内移有两种方法：一种是圆心不变，使圆曲线半径减

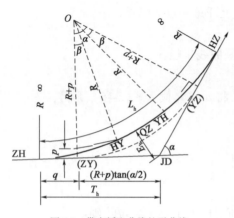

小,从而使圆曲线向内移动;另一种是半径不变,使圆心沿内角的分角线向内移动,从而使圆曲线向内移动。由于后者是不平行移动,圆曲线上各点的内移值不相等,测设工作复杂,因此通常采用第一种方法。

采用圆心不动的平行移动方法,可以看成平曲线在未设置缓和曲线时的圆曲线半径为 $R+p$,而该平曲线要插入缓和曲线,向内移动距离 p 后,圆曲线半径正好减小一个 p 值,即为 R,如图 2-8 所示。

内移值 p 和外延值 q:

图 2-8 带有缓和曲线的平曲线

(1)设有缓和曲线后圆曲线内移距离为 p,内移后的圆曲线半径为 R。

$$p = \frac{l_h^2}{24R} - \frac{l_h^4}{2688R^3} \tag{2-20}$$

(2)设有缓和曲线后切线增长值为 q:

$$q = \frac{l_h}{2} - \frac{l_h^3}{240R^2} \tag{2-21}$$

4)有缓和曲线的公路平曲线要素及主点桩号的计算

(1)曲线要素计算。

$$\left.\begin{aligned}
\text{平曲线切线长:} \quad & T_h = (R+p)\tan\frac{\alpha}{2} + q \\
\text{平曲线中的圆曲线长:} \quad & l_y = (\alpha - 2\beta) \cdot R \cdot \frac{\pi}{180°} = R \cdot \alpha \cdot \frac{\pi}{180°} + l_h \\
\text{平曲线总长:} \quad & L_H = R \cdot \alpha \cdot \frac{\pi}{180°} + l_h = (\alpha - 2\beta) \cdot \frac{\pi}{180°} \cdot R + 2l_h \\
\text{外距:} \quad & E_h = (R+p)\sec\frac{\alpha}{2} - R \\
\text{切曲差:} \quad & D_h = 2T_h - L_H
\end{aligned}\right\} \tag{2-22}$$

(2)主点桩号的计算。带有缓和曲线的公路平曲线的基本桩号有 ZH、HY、QZ、YH、HZ,各点里程桩号的计算方法如下:

$$\left.\begin{aligned}
ZH &= JD - T_h \\
HY &= ZH + l_h \\
YH &= HY + l_y \\
HZ &= YH + l_h \\
QZ &= HZ - L_H/2 \\
JD &= QZ + D_h/2
\end{aligned}\right\} \tag{2-23}$$

式中:ZH——第一段缓和曲线的起点(直缓点)桩号;

HY——第一段缓和曲线的终点(缓圆点)桩号；
　　QZ——平曲线的中点(曲中点)桩号；
　　YH——第二段缓和曲线的终点(圆缓点)桩号；
　　HZ——第二段缓和曲线的起点(缓直点)桩号；
其余符号意义同前。

5. 缓和曲线设计要求

1) 运用缓和曲线时的注意事项

(1) 当圆曲线半径 R 较小或接近于 100m 时，回旋线参数 A 应取 R；当 $R<100$m 时，则取 $A \geqslant R$。

(2) 当圆曲线半径 R 较大或接近于 3000m 时，回旋线参数 A 应取 R；当 $R>3000$m 时，则取 $A<\dfrac{R}{3}$。

2) 缓和曲线的省略条件

在直线和圆曲线之间设置缓和曲线后，圆曲线产生了内移值 p，在 L_s 一定的情况下，p 与圆曲线半径成反比，当 R 增大到一定程度时 p 值甚微，即使直线与圆曲线径向连接，汽车也能完成缓和曲线行驶，因为在路面的富余宽度中包含这个内移值，所以，《规范》规定，在下列情况下可不设缓和曲线(即回旋线)。

(1) 四级公路无论圆曲线半径的大小是多少，可不考虑设置缓和曲线。

(2) 在直线和圆曲线间，当圆曲线半径大于或等于表 2-4 所列"不设超高最小半径"时，缓和曲线可无条件省略。

(3) 半径不同的同向圆曲线径相连接处，应设置缓和曲线，但符合下述条件时可以省略缓和曲线(省略缓和曲线的两圆曲线径相连接的曲线叫复曲线)。

①小圆半径大于表 2-4 所列"不设超高最小半径"时。

②小圆半径大于表 2-6 所列"小圆临界曲线半径"，且符合下列条件之一时：

a. 小圆曲线按最小回旋线长度设置回旋线时，大圆与小圆的内移值之差不超过 0.1m 时。

b. 设计速度 $\geqslant 80$km/h 时，大圆半径 R_1 与小圆半径 R_2 之比小于 1.5。

c. 设计速度 <80km/h 时，大圆半径 R_1 与小圆半径 R_2 之比小于 2。

复曲线中的小圆临界圆曲线半径　　　　表 2-6

设计速度(km/h)	120	100	80	60	80	60	40	30
小圆临界曲线半径(m)	2100	1500	900	500	900	500	250	130

四、平面线形组合类型

平面线形包括直线、缓和曲线和圆曲线，其组合形式有以下几种形式。

1. 简单型

平面线形按照直线—圆曲线—直线顺序组合，如图 2-9 所示。简单型组合在 ZY 点和 YZ 处有曲率突变点，对行车不利。当半径较小时，该处线形也不顺适，一般仅限于四级公路采用。在其他等级公路中，当平曲线半径大于不设超高的最小半径时，省略回旋线也可以构成简单型。

2. 基本型

平面线形按直线—回旋线—圆曲线—回旋线—直线的顺序组合，如图 2-10 所示。当回旋

线两个参数 $A_1 = A_2$ 时称为对称型,这种线形经常被采用。根据线形、地形变化的需要在圆曲线两侧采用 $A_1 \neq A_2$ 的回旋线,设计成非对称型时,应注意设置基本型的几何条件:α 大于 $2\beta_0$（α 为平曲线转角,β_0 为缓和曲线切线角）。

当选用基本型组合时应尽可能满足:回旋线、圆曲线、回旋线之比为 1:1:1～1:2:1。

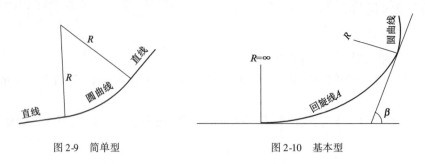

图 2-9　简单型　　　　　　　　图 2-10　基本型

3. S 形

两反向曲线径相衔接或插入的直线长度不足时,可采用回旋线将两反向曲线连接组合为 S 形曲线,如图 2-11 所示。

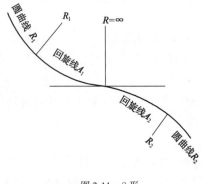

图 2-11　S 形

S 形的两个相邻回旋线参数 A_1 与 A_2 宜相等。当采用不同的参数时,A_1 与 A_2 之比应小于 2.0,有条件时以小于 1.5 为宜;当 $A_2 \leq 200$ 时,A_1 与 A_2 之比应小于 1.5。S 形线形中两圆曲线的半径之比不宜过大,大、小圆曲线半径之比宜小于或等于 2。

S 形的两个反向回旋线以径相衔接为宜,当地形条件限制必须插入短直线或当两圆曲线的回旋线相互重合时,短直线或重合段长度应符合式（2-24）规定:

$$l \leq \frac{A_1 + A_2}{40} \tag{2-24}$$

式中:l——反向回旋线间直线段或重合段长度,m;
A_1、A_2——回旋线参数。

两圆曲线半径之比不宜过大,以 $R_2/R_1 = 1/3 \sim 1$ 为宜。其中,R_1 为大圆曲线半径(m),R_2 为小圆曲线半径(m)。

4. 卵形

用一个回旋线连接两个同向圆曲线的组合为卵形曲线,见图 2-12,按直线—回旋线 A_1—圆曲线 R_1—回旋线—圆曲线 R_2—回旋线 A_2—直线顺序组合构成。

卵形组合的回旋线参数宜符合下式要求:

$$\frac{R_2}{2} \leq A \leq R_2$$

式中:A——回旋线参数;

R_2——小圆曲线半径,m。

两圆曲线半径之比,以 $R_2/R_1 = 0.2 \sim 0.8$ 为宜。

以 $D/R_2 = 0.003 \sim 0.03$ 为宜,以免曲率变化太大。其中,D 为两圆曲线间的最小间距(m)。

5. 凸形

两段同向回旋线之间不插入圆曲线而径相连接的组合(圆曲线长度为零)为凸形曲线,见图 2-12。凸形曲线的回旋线参数及对接点的曲率半径,应分别符合容许最小回旋线参数和圆曲线最小半径的规定;凸形曲线在两回旋曲线衔接处曲率发生突变,对行车不利,因此,只有在路线严格受地形、地物限制,且对接点的曲率半径相当大时,方可采用。当凸形为对称型时,$\alpha = 2\beta_0$ (α 为平曲线转角,β_0 为缓和曲线切线角),如图 2-13 所示。

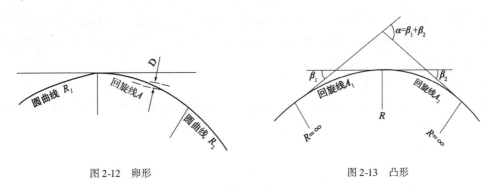

图 2-12 卵形   图 2-13 凸形

6. 复合型

两个以上的同向回旋线在曲率相等处相互连接的线形复合型曲线,见图 2-14。复合型曲线的两个回旋线参数之比宜小于 1.5;复合型中的回旋线在中途是变化的,所以驾驶员中途要变更速度以适应变化的回旋线,这是行驶中所不希望的。除互通式立交的匝道设计外,复合型仅在地形受限或其他特殊原因限制时使用。

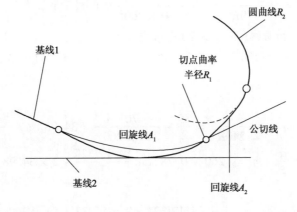

图 2-14 复合型

7. C 形

两个同向回旋线在曲率为零处(即连接处曲率为 0,$R = \infty$)径相衔接的组合称为 C 形曲线,如图 2-15 所示。其连接处曲率为 0,相当于两基本型的同向曲线间的直线长度为 0,这种线形对行车不利。因此,C 形曲线只在特殊地形条件下采用,两个回旋线的参数值可相等,也可不等。

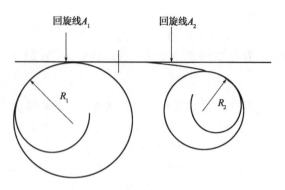

图 2-15 C 形

【工程实例 2-2】 某平原微丘区二级公路有一弯道,设计速度 $v=80\text{km/h}$,其平曲线半径 $R=260\text{m}$,交点 JD 桩号为 K5+568.32,转角为 $\alpha_y=34°12'32''$。试计算该曲线上设置缓和曲线后的 5 个基本桩号。

解 1. 确定缓和曲线长度

由题意可知,设计速度 $v=80\text{km/h}$,$R<R_{免超min}$,故需设置缓和曲线,由表 2-5 可取该缓和曲线长度 $l_h=70\text{m}$。

2. 计算缓和曲线常数

$$p = \frac{l_h^2}{24R} = \frac{70^2}{24 \times 260} = 0.78(\text{m})$$

$$\beta = \frac{l_h}{2R} \cdot \frac{180°}{\pi} = \frac{70 \times 180°}{2 \times 260 \times \pi} = 7°42'46''$$

$$y_h = \frac{l_h^2}{6R} - \frac{l_h^4}{336R^3} = \frac{70^2}{6 \times 260} - \frac{70^4}{336 \times 260^2} = 3.14(\text{m})$$

$$x_h = l_h - \frac{l_h^3}{40R^2} = 70 - \frac{70^3}{40 \times 260^2} = 69.87(\text{m})$$

3. 判断能否设置缓和曲线(即 $\alpha>2\beta$ 是否成立)

$$2\beta = 2 \times 7°42'46'' = 15°25'32'' < \alpha(=34°12'32'')(符合要求)$$

4. 曲线要素计算

切线长:

$$q = \frac{l_h}{2} - \frac{l_h^3}{240R^2} = \frac{35}{2} - \frac{70^3}{240 \times 260^2} = 34.98(\text{m})$$

$$T_h = (R+p)\tan\frac{\alpha}{2} + q = (260+0.78)\tan\frac{34°12'32''}{2} + 2 \times 34.98 = 115.23(\text{m})$$

曲线长度:

$$L_H = \frac{\pi}{180°}(\alpha - 2\beta)R + 2l_h = \frac{\pi}{180°}(34°12'32'' - 2 \times 15°25'32'') \times 260 + 70 = 225.24(\text{m})$$

$$E_h = (R+p)\sec\frac{\alpha}{2} - R = (260+0.78)\sec\frac{34°12'32''}{2} - 260 = 12.85(\text{m})$$

圆曲线长度:

$$l_y = L_H - 2l_h = 225.24 - 140 = 85.24(\text{m})$$

切曲差:

$$D_h = 2T_h - L_H = 2 \times 115.23 - 225.24 = 5.22(\text{m})$$

5. 基本桩桩号计算

	JD	K5+568.32
−)	T_h	115.23
	ZH	K5+453.09
+)	l_h	70
	HY	K5+523.09
+)	l_y	85.24
	YH	K5+608.33
+)	l_h	70
	HZ	K5+678.33
−)	$L_H/2$	112.62
	QZ	K5+565.71
+)	$D_H/2$	2.61
	JD	K5+568.32（计算无误）

任务二　平曲线超高及加宽

(1) 理解设置超高的原因。
(2) 掌握超高设置的条件及方法。
(3) 掌握加宽的设置条件及方法。

汽车在平曲线上行驶时,会存在离心力,若离心力较大,则会使车辆倾覆或侧滑,同时还会存在因离心力作用内侧车道上的车辆会侵占对向车道现象,这些都会影响行驶车辆的安全,因此在平曲线拐弯处,横断面处应设置成内侧低、外侧高的形式以消除或减小离心力对车辆的影响;又由于在弯道处车辆行驶时每个轮胎的半径大小不同,半径越小,车辆行驶所需要的路面越宽,故根据需要还应对路面进行加宽。本任务通过弯道上发生交通事故的图片,引导学生分析讨论汽车在弯道上的行驶特点,并要求学生结合施工图设计文件,掌握根据平曲线半径大小判断是否设置超高或加宽,同时掌握超高或加宽的设置方法。

一、平曲线超高

公路平曲线是由圆曲线与缓和曲线构成的,当圆曲线半径小于不设超高最小半径时,在圆曲线上必须设置全超高。从直线到圆曲线上的全超高是在缓和曲线上过渡变化完成的。

1. 平曲线上设置超高的原因及条件

为了减小汽车在曲线路段上行驶时所产生的离心力,在该路段横断面上设置的外侧高于内侧的单向横坡,称为超高。当圆曲线半径小于不设超高的最小半径时,半径越小,离心力越大,汽车行驶条件就越差。为改善汽车行驶条件,减小横向力,将此弯道横断面做成向内倾斜的单向横坡形式,利用重力向内侧的分力减小离心力,保证行车安全。

2. 圆曲线上全超高横坡度的确定

1)圆曲线上全超高横坡度的确定

圆曲线超高横坡度应据公路等级、设计速度、圆曲线半径、路面类型、自然条件和车辆组成等情况查《规范》确定,见表2-7。因圆曲线段半径不变,故超高横坡度从圆曲线起点至圆曲线终点是一个不变的定值,称为全超高。

《标准》规定,当平曲线半径小于不设超高的最小半径时,必须设置超高。

2)圆曲线上超高横坡度的最大值

为了保证慢车,特别是停在弯道上的车辆,不产生向内侧滑移现象,尤其是冬季路面有积雪结冰的情况下,更有可能出现滑移危险,所以超高横坡度不能太大。我国《标准》限制了各级公路圆曲线最大全超高值,见表2-7。

各级公路圆曲线最大超高值 表2-7

公路等级	高速公路、一级公路	二、三、四级公路
一般地区(%)	8 或 10	8
积雪冰冻地区(%)	6	
城镇区域(%)	4	

注:一般地区公路,圆曲线最大超高值应采用8%;以通行中、小型客车为主的高速公路和一级公路最大超高值可采用10%。

3)圆曲线上超高横坡度的最小值

各级公路圆曲线部分的最小超高横坡度应是该级公路直线部分的路拱横坡度。

3. 设置超高的一般规定和要求

(1)各级公路当圆曲线半径小于表2-4所列"不设超高最小半径"时,应在曲线上设置超高。

(2)超高横坡度的大小按公路等级、圆曲线半径大小及公路所处的环境、自然条件、路面类型、车辆组成等因素合理确定,具体确定可按表2-8执行。

(3)各级公路圆曲线部分最小超高应与该公路直线部分的正常路拱横坡度一致,以利于排水。

圆曲线半径(m)与超高坡度 表2-8

设计速度(km/h)	120			100			80			60			
超高(%)	最大超高(%)			最大超高(%)			最大超高(%)			最大超高(%)			
	10	8	6	10	8	6	10	8	6	10	8	6	4
2	<5500 (<7550) ~2950	<5500 (<7550) ~2860	<5500 (<7550) ~2730	<4000 (<5250) ~2180	<4000 (<5250) ~2150	<4000 (<5250) ~2000	<2500 (<3350) ~1460	<2500 (<3350) ~1410	<2500 (<3350) ~1360	<1500 (<1900) ~900	<1500 (<1900) ~870	<1500 (<1900) ~800	<1500 (<1900) ~610
3	<2950~ 2080	<2860~ 1990	<2730~ 1840	<2180~ 1520	<2150~ 1480	<2000~ 1320	<1460~ 1020	<1410~ 960	<1360~ 890	<900~ 620	<870~ 590	<800~ 500	<610~ 270

续上表

设计速度(km/h)	120			100			80			60			
	最大超高(%)			最大超高(%)			最大超高(%)			最大超高(%)			
超高(%)	10	8	6	10	8	6	10	8	6	10	8	6	4
4	<2080~1590	<1990~1500	<1840~1340	<1520~1160	<1420~1100	<1320~920	<1020~770	<960~710	<890~600	<620~470	<590~430	<500~320	<270~150
5	<1590~1280	<1500~1190	<1340~970	<1160~920	<1100~860	<920~630	<770~610	<710~550	<600~400	<470~360	<430~320	<320~200	
6	<1280~1070	<1190~980	<970~710	<920~760	<860~690	<630~440	<610~500	<550~420	<400~270	<360~290	<320~240	<200~135	
7	<1070~910	<980~790		<760~640	<690~530		<500~410	<420~320		<290~240	<240~170		
8	<910~790	<790~650		<640~540	<530~400		<410~340	<320~250		<240~190	<170~125		
9	<790~680			<540~450			<340~280			<190~150			
10	<680~570			<450~360			<280~220			<150~115			
设计速度(km/h)	40				30				20				
	最大超高(%)				最大超高(%)				最大超高(%)				
超高(%)	8	6	4	2	8	6	4	2	8	6	4	2	
2	<600(<800)~470	<600(<800)~410	<600(<800)~330	<600(<800)~75	<350(<450)~250	<350(<450)~230	<350(<450)~150	<350(<450)~40	<150(<200)~140	<150(<200)~110	<150(<200)~70	<150(<200)~20	
3	<470~310	<410~250	<330~130		<250~170	<230~140	<150~60		<140~90	<110~70	<70~30		
4	<310~220	<250~150	<130~70		<170~120	<140~80	<60~35		<90~70	<70~40	<30~15		
5	<220~160	<150~90			<120~90	<80~50			<70~50	<40~30			
6	<160~120	<90~60			<90~60	<50~35			<50~40	<30~15			
7	<120~80				<60~40				<40~30				
8	<80~55				<40~30				<30~15				
9													
10													

注:括号中的值为路拱大于2%时的不设超高最小半径。

49

(4)分向行驶的多车道公路位于纵坡较大的路段,其上、下坡的行车速度会有明显的差异,故可采用不同的超高值,以确保行车安全。

(5)在有纵坡的弯道上设置超高时,应考虑合成坡度。

$$i_k = \sqrt{i_纵^2 + i_b^2} \tag{2-25}$$

式中: $i_纵$——道路纵坡,%;

i_k——合成纵坡,%。

(6)圆曲线部分设有全超高后,应在圆曲线与直线之间设置超高过渡段,使其顺适连接。

4. 超高过渡段

1)超高过渡段的设置条件和原因

平面圆曲线部分,当半径小于不设超高的最小半径时必须设置超高,汽车从没有超高的双向横坡直线段进入设有单向横坡全超高的圆曲线是一个突变,不能顺利行车;从立面来看,这个突变也影响美观。所以,在直线和圆曲线之间必须设置超高过渡段,完成从直线双向横坡逐渐过渡到圆曲线上的单向超高横坡,使汽车顺适地从直线驶入圆曲线。

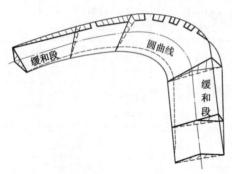

图 2-16 超高及超高缓和段

2)超高过渡段的过渡形式

从直线上的双向路拱横坡,过渡到圆曲线上具有超高横坡度的单向坡断面,要有一个逐渐变化的区段,这一变化段称为超高缓和段,如图 2-16 所示。超高过渡段的过渡形式,根据不同的旋转基线有两种情况(无中间带和有中间带公路),共六种形式。

(1)无间带公路(二、三、四级公路)的超高过渡。

若超高横坡度等于路拱坡度时,路面由直线上的双向倾斜路拱形式过渡到曲线上具有超高的单向倾斜形式时,只需将行车外侧路基绕中心线逐渐抬高,内侧不动,直至外侧与内侧横坡相等为止,如图 2-17 所示。

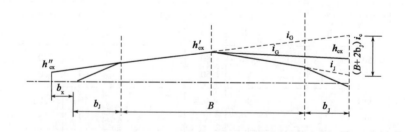

图 2-17 超高横坡度等于路拱横坡度时的过渡

超高横坡度大于路拱坡度时,可分别采用以下三种方式:

①绕路面未加宽时的内侧边缘旋转(简称绕内边轴旋转)。先将外侧车道绕行车道绕路基中心线旋转,内侧不动,达到与内侧车道构成单向横坡,此时的断面称为临界断面,然后将整个断面绕路面未加宽前的内侧车道边缘线旋转至超高横坡度为止,如图 2-18 所示。绕内边轴旋转,由于行车道内侧不降低,有利于路基纵向排水,一般新建公路多采用这种

形式。

②绕路面中心线旋转（简称绕中轴旋转）。先将外侧车道绕路面路基中心线旋转，内侧不动，达到与内侧车道构成单向横坡，此时的断面仍称为临界断面，然后整个断面绕路基中心线旋转至超高横坡度为止，如图2-19所示。绕中轴旋转可保持中线高程不变，且在超高坡度一定的情况下，外侧边缘的抬高值小，因此多用于旧路改建工程。

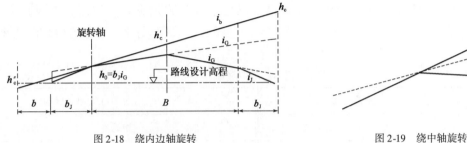

图 2-18　绕内边轴旋转　　　　　　图 2-19　绕中轴旋转

③绕路面外侧边缘旋转（简称绕外边轴旋转）。先将外侧行车道绕外侧车道边缘旋转，与此同时，内侧车道随中线的降低而相应降低，达到单向横坡，然后整个断面仍绕外侧车道边缘旋转至超高横坡度为止，如图2-20所示。绕外边轴旋转在路基外缘高程受限制或对路容美观有特殊要求时采用。

（2）有中间带公路（高速公路、一级公路）的超高过渡。

①绕中间带的中心线旋转。先将外侧行车道绕中央分隔带的中心线旋转，待达到与内侧行车道构成单向横坡后，整个断面一同绕中心线旋转至超高横坡值，此时中央分隔带呈倾斜状，如图2-21所示。当中间带宽度较窄（不大于4.5m）且具有中等超高坡度时可采用此法。

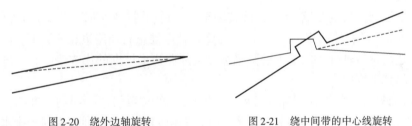

图 2-20　绕外边轴旋转　　　　　　图 2-21　绕中间带的中心线旋转

②绕中央分隔带两侧边缘线旋转。将两侧行车道分别绕中央分隔带两侧边缘线旋转，使之各自成为独立的单向超高断面，但中央分隔带维持原水平状态，如图2-22所示。各种宽度不同的中间带都可采用此法。

③绕各自行车道中心线旋转。将两侧行车道分别绕各自的行车道中心线旋转，使各自成为独立的单向超高断面，此时中央分隔带两边缘分别升高与降低而成为倾斜断面，如图2-23所示。单向车道数大于4条的公路可采用此法。

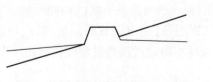 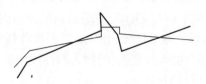

图 2-22　绕中央分隔带两侧边缘旋转　　　　图 2-23　绕各自行车道中心线旋转

分离式断面的公路由于上、下行车道是各自独立的,其超高的设置及其过渡可按两条无分隔带的公路分别予以处理。

3) 超高过渡段的长度

为了满足行车舒适、路容美观及排水的要求,超高过渡段必须有一定的长度,超高过渡段长度的确定一般以"超高渐变率"来控制。所谓超高渐变率,是指在超高缓和段上由于弯道外侧路基抬高,使外侧路缘纵坡较原来设计纵坡增加的附加纵坡。超高渐变率过大,会使行车不舒适,路容不美观;但过小,又易在路面上积水。我国《标准》规定的超高渐变率见表 2-9。

超 高 渐 变 率　　　　　　　　　　表 2-9

设计速度 (km/h)	超高旋转轴位置		设计速度 (km/h)	超高旋转轴位置	
	中线	边线		中线	边线
120	1/250	1/200	40	1/150	1/100
100	1/225	1/175	30	1/125	1/75
80	1/200	1/150	20	1/100	1/50
60	1/175	1/125			

双车道公路最小超高过渡段长度按式(2-26)计算:

$$L_c = \frac{B \cdot \Delta i}{P} \tag{2-26}$$

式中:L_c——最小超高缓和段长度,m;

　　　B——未设硬路肩的公路,B 值为旋转轴至行车道(设路缘带时为路缘带)外侧边缘的宽度,m;设有硬路肩的公路,B 值为旋转轴至硬路肩外侧边缘的宽度,m;

　　　Δi——超高旋转轴外侧的最大超高横坡度与原路拱横坡度的代数差;

　　　P——超高渐变率。

根据式(2-26)计算的超高缓和段长度,应凑成 5m 的整数倍,并不小于 10m 的长度。

为了行车的舒适,超高过渡段长度应不小于式(2-15)计算的长度。为利于排水,超高渐变率不得小于 1/330,即超高过渡段不能设置得太长。所以,在确定超高过渡段长度 L_c 时应考虑以下几点。

(1) 在确定缓和曲线最小长度时,已经考虑了超高缓和段所需的最短长度,一般情况下,超高缓和段的长度应等于缓和曲线的长度,即 $L_c = L_h$。

(2) 当 $L_h > L_c$ 时,只要超高渐变率大于 1/330,仍可取 $L_c = L_h$。

(3) 当 $L_c > L_h$ 时,应修改平面线形,使 $L_h \geq L_c$。当平面线形无法修改时,可将超高过渡段起点前移,即超高过渡段在缓和曲线起点前的直线路段开始,路面外侧以适当的超高渐变率逐渐抬高,使横断面在 ZH(或 HZ)点渐变为向内倾斜的单向路拱横坡(临界断面)。

(4) 四级公路不设缓和曲线,但若圆曲线设置超高,则应设置超高过渡段,可以将超高过渡段的一部分插入圆曲线,但插入圆曲线内的长度不得超过超高过渡段长度的一半。

4) 超高值的计算

为了便于道路的施工放样,实际使用的不是超高横坡度,也不是路面内(外)侧的超高值,而是加宽后由超高横坡度推算出路肩内(外)边缘和路中线与原设计高程(未加宽和超高时的路肩边缘设计高程)的抬高或降低值,这一差值即为"超高值"。圆曲线上的超高值称为全超高,其值的计算与超高方式有关。

公路中线和路基内、外侧边缘线与路基设计高程的差应予以计算并列于"路基设计表"中,以便于施工。

对于新建二、三、四级公路,圆曲线半径小于不设超高最小半径时,平曲线段超高值计算公式,列于表2-10,计算图式参见图2-24。对于改建公路二、三、四级公路,平曲线超高值计算公式,列于表2-11,计算图式见图2-25。

绕内边轴旋转的超高值计算公式　　　　　表2-10

超高值		计算公式		备注
		$0 \leq x \leq L_1$	$L_1 \leq x \leq L_c$	
圆曲线段	外缘 h_c	$ai_0 + (a+b)i_b$		各超高值均与设计高程比较,h_c'' 和 h_{cx}'' 为降低值 $L_1 = \dfrac{2i_1}{i_b}L_c$ $B_{jx} = \dfrac{x}{L_c}B_j$
	中线 h_c'	$ai_0 + \dfrac{b}{2}i_b$		
	内缘 h_c''	$ai_0 - (a+B_i)i_b$		
超高缓和段	外缘 h_{cx}	$a(i_0 - i_1) + [ai_1 + (a+b)i_h]\dfrac{x}{L_c}$ 或 $h_{cx} = \dfrac{x}{L_c}h_c$		
	中线 h_{cx}'	$ai_0 + \dfrac{b}{2}i_1$	$ai_0 + \dfrac{b}{2}\dfrac{x}{L_c}i_b$	
	内缘 h_{cx}''	$ai_0 - (a+B_{jx})i_1$	$ai_0 - (a+B_{jx})\dfrac{x}{L_c}i_b$	

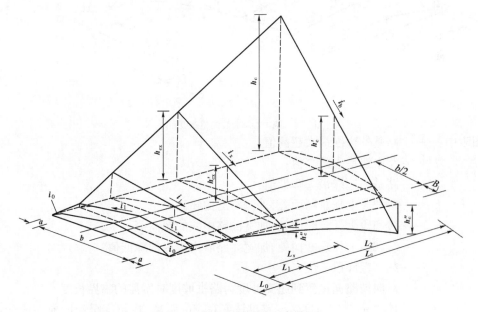

图2-24　绕内边轴旋转的超高缓和段

绕中线旋转的超高值计算公式　　　　　　表2-11

超高值		计算公式		备注
		$0 \leqslant x \leqslant L_1$	$L_1 \leqslant x \leqslant L_c$	
圆曲线段	外缘 h_c		$a(i_0 - i_1) + \left(a + \dfrac{b}{2}\right)(i_1 + i_b)$	各超高值均与设计高程比较，h''_c 和 h''_{cx} 为降低值 $L_1 = \dfrac{2i_1}{i_1 + i_b} L_c$ $B_{jx} = \dfrac{x}{L_c} B_j$
	中线 h'_c		$ai_0 + \dfrac{b}{2} i_1$	
	内缘 h''_c		$ai_0 + \dfrac{b}{2} i_1 - \left(a + \dfrac{b}{2} + B_j\right) i_b$	
超高缓和段	外缘 h_{cx}		$a(i_0 - i_1) + \left(a + \dfrac{b}{2}\right)\dfrac{x}{L_c}(i_1 + i_b)$ 或 $h_{cx} = \dfrac{x}{L_c} h_c$	
	中线 h'_{cx}		$ai_0 + \dfrac{b}{2} i_1$	
	内缘 h''_{cx}	$ai_0 - (a + B_{jx}) i_1$	$ai_0 + \dfrac{b}{2} i_1 - \left(a + \dfrac{b}{2} + B_{jx}\right)\dfrac{x}{L_c} i_b$	

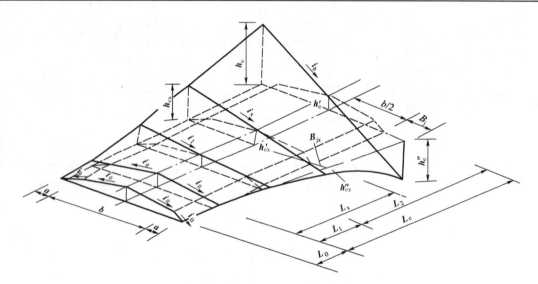

图 2-25　绕中心轴旋转的超高缓和段

上述图表中：h_c——路基外边缘最大超高值；

h'_c——路中线最大超高值；

h''_c——路基内边缘最大降低值；

h_{cx}——缓和段上任意断面处，外侧路肩的超高值；

h'_{cx}——缓和段上任意断面处，加宽前路中线的超高值；

h''_{cx}——缓和段上任意断面处，加宽后路肩内边缘的降低值；

L_c——超高缓和段长度；

L_1——双向坡路面过渡到超高坡度为路拱坡度时所需的临界长度；

L_0——1~2m，路肩坡度转变路拱坡度对应的距离，在超高缓和段前完成，不计入超高缓和段内；

B_j——圆曲线部分路基的全加宽值;

B_{jx}——缓和段上 x 距离处路基加宽值;

a——路肩宽度;

b——路面宽度;

i_0——原路肩横坡度;

i_1——原路拱横坡度;

i_b——圆曲线超高横坡度;

x——超高缓和段内任意一点处至超高缓和段起点的距离。

二、平曲线加宽

1. 平曲线上设置加宽的原因和条件

1)平曲线上设置加宽的原因

(1)由图2-26知,汽车在圆曲线上行驶时,各个车轮的轨迹半径是不相等的,后轴内轮的轨迹半径最小,前轴外轮的轨迹半径最大,因而需要比直线上更大的宽度。

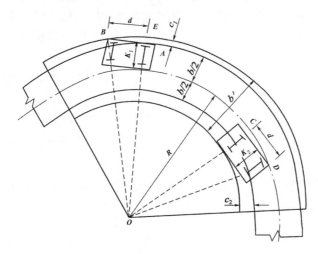

图2-26 圆曲线上加宽值计算图式
$b/2$-一个车道宽;b'-加宽后的路面宽

(2)汽车在曲线上行驶时,其行驶轨迹并不完全与理论轨迹相吻合,而是有一定的摆幅,故需要加宽路面,以利于安全。

这种在曲线上适当拓宽路面的形式称为平曲线加宽。

2)设置加宽的条件

我国《标准》规定,二、三、四级公路的圆曲线半径小于或等于250m时,应在曲线内侧设置加宽,各级公路路面加宽后,路基也应相应加宽。

2. 圆曲线全加宽值的规定

双车道公路路面加宽值应符合表2-12的规定,圆曲线加宽值应根据公路功能、技术等级和实际交通组成确定,应符合下列规定:

(1)作为干线的二级公路,应采用第3类加宽值。

(2)作为集散的二级公路、三级公路,在考虑铰接列车通行时,应采用第3类加宽值;不考虑铰接列车时,可采用第 2 类加宽值。

(3) 作为支线的三级公路、四级公路可采用第 1 类加宽值。

(4) 有特殊车辆通行的专用公路应根据特殊车辆验算确定其加宽值。

(5) 双车道公路在采取强制性措施实行分向行驶的路段,其圆曲线半径较小时,内侧车道的加宽值应大于外侧车道的加宽值,设计时应通过计算分别确定。

双车道路面的全加宽值(单位:m)　　　　表 2-12

加宽类别	设计车辆	圆曲线半径(m)							
		200~250	150~200	100~150	70~100	50~70	30~50	20~30	20~25	15~20
第 1 类	小客车	0.4	0.5	0.6	0.7	0.9	1.3	1.5	1.8	2.2
第 2 类	载重汽车	0.6	0.7	0.9	1.2	1.5	2.0	—	—	—
第 3 类	铰接列车	0.8	1.0	1.5	2.0	2.7	—	—	—	—

注:单车道公路路面加宽值应为表中规定值的一半。

3. 加宽过渡段

当圆曲线设置全加宽而直线段不加宽时,为了使路面由直线段正常宽度断面过渡到圆曲线段全加宽断面,需要在直线和圆曲线之间设置加宽缓和段。加宽过渡段应符合下列规定:

(1) 设置回旋线或超高过渡段时,加宽过渡段长度应采用与回旋线或超高过渡段长度相同的数值。

(2) 不设回旋线或超高过渡段时(四级公路),加宽过渡段长度应按渐变率为 1:15 且长度不小于 10m 的要求设置。

(3) 四级公路加宽过渡段应设在紧接圆曲线起点或终点的直线上。受地形条件或其他特殊情况限制时,允许将加宽过渡段的一部分插入圆曲线,但插入圆曲线内的长度不得超过加宽过渡段长度的一半。

(4) 二、三、四级公路的加宽过渡段应在加宽过渡段全长范围内,按长度成比例增加的方式设置,如图 2-27 所示。

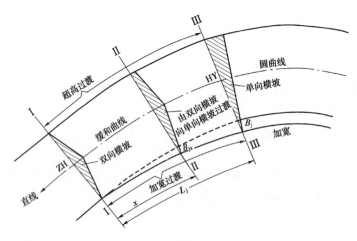

图 2-27　平曲线加宽缓和段

$$B_{jx} = \frac{x}{L_j} B_j \qquad (2-27)$$

式中:B_{jx}——加宽缓和段上任意一点的加宽值,m;

x ——任意一点距加宽缓和段起点的距离,m;
B_j ——圆曲线上的全加宽值,m;
L_j ——加宽缓和段全长,可取缓和曲线长为加宽缓和段长度。

任务三　中桩坐标计算

学习目标

(1)明确中桩坐标系的建立方法。
(2)理解坐标计算原理。
(3)掌握中桩坐标的计算方法。

任务描述

公路中线的位置是通过测量坐标放样实测到地面上的,故为了给施工放样提供数据,必须进行中桩坐标的计算。本任务根据路线施工图设计文件中平面设计成果,介绍逐桩坐标的作用,并要求学生能根据测量坐标系计算原理,在交点坐标已知的情况下,进行中桩上逐桩坐标的推算。

相关知识

中桩的坐标即"逐桩坐标",是指各桩在测量坐标系中的坐标。测量人员可利用软件或中桩坐标计算公式先计算好公路中桩的坐标数据,再到现场进行实地放样。这里主要介绍按照公式计算中桩坐标的方法。

一、导线点坐标计算

采用两阶段设计的公路或一阶段设计但遇地形困难的路段,一般都要先作平面控制测量,而路线的平面控制测量多采用导线测量的方法,在有条件时可优先采用全球定位系统(简称GPS)测量的方法,或采用全站仪进行导线测量。当采用导线测量作为公路平面控制测量时,导线应与国家三角点进行联测,可使所测的导线点与国家三角点形成一个整体,获得导线坐标起算数据。测出导线各边长和夹角后,用坐标增量法逐点推算各导线点的坐标。

1. 方位角的确定

如图2-28所示,有:

$$\tan\beta = \left|\frac{\Delta y}{\Delta x}\right| \qquad (2\text{-}28)$$

方位角:$A_i = \beta$　　　　$\Delta y > 0, \Delta x > 0$（第一象限）

$A_i = 180° - \beta$　　$\Delta y > 0, \Delta x < 0$（第二象限）

$A_i = 180° + \beta$　　$\Delta y < 0, \Delta x < 0$（第三象限）

$A_i = 360° - \beta$　　$\Delta y < 0, \Delta x > 0$（第四象限）

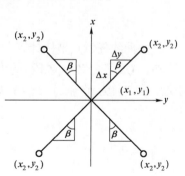

图2-28　路线的方位角计算

2. 坐标计算

$$\begin{cases} X_{i+1} = X_i + D\cos A_i \\ Y_{i+1} = Y_i + D\sin A_i \end{cases} \tag{2-29}$$

式中：D——两导线点间的水平距离。

二、交点坐标计算

根据初测布设导线测绘的地形图，初步设计进行纸上定线，完成平面线形设计。路线交点的坐标可以利用导线点的坐标推算，或从初测坐标网格地形图中直接读出。

三、中桩坐标计算

1. 未设缓和曲线的单圆曲线坐标计算

1）圆曲线起、终点坐标计算

如图 2-29 所示，JD_i 的坐标为 (X_{JD_i}, Y_{JD_i})，交点前后直线边的方位角分别为 A_{i-1}、A_i，圆曲线的半径为 R，平曲线切线长为 T_i，曲线起、终点的坐标可用式(2-30)、式(2-31)计算。

圆曲线起点的坐标

$$\begin{cases} X_{ZY_i} = X_{JD_i} - T_i\cos A_{i-1} \\ Y_{ZY_i} = Y_{JD_i} - T_i\sin A_{i-1} \end{cases} \tag{2-30}$$

圆曲线终点的坐标

$$\begin{cases} X_{YZ_i} = X_{JD_i} + T_i\cos A_i \\ Y_{YZ_i} = Y_{JD_i} + T_i\sin A_i \end{cases} \tag{2-31}$$

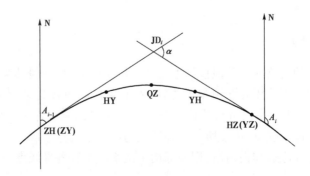

图 2-29 中桩坐标计算示意图

2）圆曲线任意点坐标计算

ZY~QZ 段（YZ~QZ 段）的坐标计算以曲线起点 ZY（曲线终点 YZ）为坐标原点，切线指向交点的方向为 X' 轴，通过 ZY 的法线为 Y' 轴，建立直角坐标系，即得切线支距坐标为：

$$\left. \begin{aligned} X' &= R\sin\frac{l'180°}{R\pi} \\ Y' &= R - R\cos\frac{l'180°}{R\pi} \end{aligned} \right\} \tag{2-32}$$

式中：l'——圆曲线上任意一点至 ZY(YZ)点的弧长。

ZY~QZ 段的各点的坐标：

利用上述公式计算出以 ZY 为坐标原点圆曲线段内各中桩 X'、Y' 的值,则 ZY ~ QZ 段的各点的坐标为:

$$\begin{cases} X = X_{ZY_i} + X'\cos A_{i-1} - \xi Y'\sin A_{i-1} \\ Y = Y_{ZY_i} + X'\sin A_{i-1} + \xi Y'\cos A_{i-1} \end{cases} \quad (2\text{-}33)$$

式中:ξ——路线转向,右转角时 $\xi = 1$,左转角时 $\xi = -1$,以下各式同。

YZ ~ QZ 段的各点的坐标:

利用上述公式计算出以 YZ 为坐标原点圆曲线段内各加桩 X'、Y' 的值,则 ZY ~ QZ 段的各点的坐标为:

$$\begin{cases} X = X_{YZ_i} - X'\cos A_i - \xi Y'\sin A_i \\ Y = Y_{YZ_i} - X'\sin A_i + \xi Y'\cos A_i \end{cases} \quad (2\text{-}34)$$

2. 设缓和曲线的单圆曲线坐标计算

1) 曲线起、终点坐标计算

如图 2-29 所示,JD_i 的坐标为 (X_{JD_i}, Y_{JD_i}),交点前后直线边的方位角分别为 A_{i-1}、A_i,圆曲线的半径为 R,缓和曲线长度 l_h,平曲线切线长为 T_{h_i},曲线起、终点的坐标可用式(2-35)、式(2-36)计算。

$$\begin{cases} X_{ZH_i} = X_{JD_i} - T_{h_i}\cos A_{i-1} \\ Y_{ZH_i} = Y_{JD_i} - T_{h_i}\sin A_{i-1} \end{cases} \quad (2\text{-}35)$$

$$\begin{cases} X_{HZ_i} = X_{JD_i} + T_{h_i}\cos A_i \\ Y_{HZ_i} = Y_{JD_i} + T_{h_i}\sin A_i \end{cases} \quad (2\text{-}36)$$

2) 曲线任意点坐标计算

ZH ~ QZ 段的坐标计算以曲线起点 ZH 为坐标为原点,切线方向为 X' 轴,法线为 Y' 轴,建立直角坐标系。

缓和曲线段各点在此坐标系下的坐标,即切线支距坐标为:

$$X' = l - \frac{l^5}{40R^2 l_h^2}$$
$$Y' = \frac{l^3}{6Rl_h} - \frac{l^7}{336R^3 l_h^3} \quad (2\text{-}37)$$

圆曲线段 X'、Y':

$$X' = R\sin\left(\beta + \frac{l'180°}{R\pi}\right) + q$$
$$Y' = R - R\cos\left(\beta + \frac{l'180°}{R\pi}\right) + p \quad (2\text{-}38)$$

上述式中:l ——ZH 点到加桩点的曲线长度;

l' ——ZY 点到圆曲线上加桩点的曲线长度。

利用上述公式计算出缓和段内各加桩和圆曲线段内各加桩 X'、Y' 的值,则 ZH ~ QZ 段的各点的坐标为:

$$\begin{cases} X = X_{ZH_i} - X'\cos A_{i-1} - \xi Y'\sin A_{i-1} \\ Y = Y_{ZH_i} - X'\sin A_{i-1} + \xi Y'\cos A_{i-1} \end{cases} \quad (2\text{-}39)$$

QZ~HZ 段的坐标计算：

以曲线终点 HZ 为坐标原点，切线为 X' 轴，法线为 Y' 轴建立直角坐标系，利用式(2-38)、式(2-39)可以计算出缓和曲线和圆曲线段内各点的 X'、Y' 的坐标，则 QZ~HZ 段的各点的坐标为：

$$\begin{cases} X = X_{HZ_i} - X'\cos A_i - \xi Y'\sin A_i \\ Y = Y_{HZ_i} - X'\sin A_i + \xi Y'\cos A_i \end{cases} \quad (2\text{-}40)$$

3) 直线段中桩坐标的计算

位于 ZH 点之前或 HZ 点之后的直线段可利用 JD 点的坐标或 ZH、HZ 点的坐标与该点的距离及其方位角计算出该点的坐标。

【工程实例 2-3】 某高等级公路，路线 JD_2 的坐标为 $X_{JD_2}=1477600.270\text{m}$，$Y_{JD_2}=31589813.880\text{m}$；路线 JD_3 的坐标为 $X_{JD_3}=1479958.056\text{m}$，$Y_{JD_3}=31589773.850\text{m}$；路线 JD_4 的坐标为 $X_{JD_4}=1483034.875\text{m}$，$Y_{JD_4}=31592181.750\text{m}$；$JD_3$ 的里程桩号 K16+680.205；圆曲线半径 $R=2500\text{m}$，缓和曲线长度 $l_h=90\text{m}$。试计算该平曲线的主点桩号及按整桩号(20m)确定平曲线各主点和加桩的坐标。

解 1. 主点桩号的计算

(1) 计算路线转角。

$$\tan A_{32} = \left| \frac{Y_{JD_2} - Y_{JD_3}}{X_{JD_2} - X_{JD_3}} \right| = \left| \frac{+40.030}{-2357.786} \right| = 0.016977792$$

$$A_{32} = 180° - 0°58'21.6'' = 179°01'38.4''$$

$$\tan A_{34} = \frac{Y_{JD_4} - Y_{JD_3}}{X_{JD_4} - X_{JD_3}} = \frac{+2407.90}{+3076.819} = 0.87259397$$

$$A_{34} = 38°02'47.5''$$

右角： $\beta = 179°01'38.4'' - 38°02'47.5'' = 140°58'50.9'' < 180°$

右转角： $\alpha = 180° - 140°58'50.9'' = 39°01'09.1''$

(2) 缓和曲线常数。

$$\beta = \frac{l_h 180°}{2R\pi} = 1°01'52.8''$$

$$p = \frac{l_h^2}{24R} = 0.135(\text{m})$$

$$q = \frac{l_h}{2} - \frac{l_h^3}{240R^2} = 44.9995(\text{m})$$

(3) 平曲线要素。

$$T_h = (R+p)\tan\frac{\alpha}{2} + q = 930.815(\text{m})$$

$$l_y = (\alpha - 2\beta)\frac{\pi}{180°}R = 1612.533(\text{m})$$

$$L_H = (\alpha - 2\beta)\frac{\pi}{180°}R + 2l_h = 1792.533(\text{m})$$

$$E_h = (R+p)\sec\frac{\alpha}{2} - R = 152.4223(\text{m})$$

$$D_h = 2T_h - L_H = 69.097(\text{m})$$

(4) 主点桩桩号

	JD$_3$	K16+680.205
−)	T_h	930.815
	ZH	K15+749.39
+)	l_h	90
	HY	K15+839.39
+)	l_y	1612.533
	YH	K17+451.923
+)	l_h	90
	HZ	K17+541.923
−)	$L_H/2$	896.2665
	QZ	K16+645.6565
+)	$D_h/2$	34.5485
	JD$_3$	K16+680.205

(计算无误)

2. 中桩坐标及方位角计算

ZH 点的坐标计算：

$$A_{23} = A_{32} + 180° = 359°01'38''$$

$$\begin{cases} X_{ZH_3} = X_{JD_3} - T_h \cos A_{23} = 1479027.375(\mathrm{m}) \\ Y_{ZH_3} = Y_{JD_3} - T_h \sin A_{23} = 31589789.653(\mathrm{m}) \end{cases}$$

ZH～HY 第一缓和曲线上中桩坐标的计算：如桩号 K15+800 的坐标

$$l = 15800 - 15749.39 = 50.61(\mathrm{m})$$

$$X' = l - \frac{l^5}{40R^2 L_c^2} = 50.6098(\mathrm{m})$$

$$Y' = \frac{l^3}{6RL_c} = 0.096(\mathrm{m})$$

$$\begin{cases} X = X_{ZH_3} + X'\cos A_{23} - Y'\sin A_{23} = 1479077.979(\mathrm{m}) \\ Y = Y_{ZH_3} + X'\sin A_{23} + Y'\cos A_{23} = 31589788.890(\mathrm{m}) \end{cases}$$

HY 点的坐标计算：

$$l = 15839.39 - 15749.39 = 90(\mathrm{m})$$

$$X' = l - \frac{l^5}{40R^2 L_c^2} = 89.997(\mathrm{m})$$

$$Y' = \frac{l^3}{6RL_c} = 0.540(\mathrm{m})$$

$$\begin{cases} X = X_{ZH_3} + X'\cos A_{23} - Y'\sin A_{23} = 1479117.368(\mathrm{m}) \\ Y = Y_{ZH_3} + X'\sin A_{23} + Y'\cos A_{23} = 31589788.665(\mathrm{m}) \end{cases}$$

HY～QZ 圆曲线部分的中桩坐标计算：如桩号 K16+100 的坐标

$$l' = 16100 - 15839.39 = 260.61(\mathrm{m})$$

$$X' = R\sin\left(\beta + \frac{l'180°}{R\pi}\right) + q = 296.185(\mathrm{m})$$

$$Y' = R - R\cos\left(\beta + \frac{l'180°}{R\pi}\right) + p = 18.791(\mathrm{m})$$

$$\begin{cases} X = X_{ZH_3} + X'\cos A_{23} - Y'\sin A_{23} = 1479323.836(\mathrm{m}) \\ Y = Y_{ZH_3} + X'\sin A_{23} + Y'\cos A_{23} = 31589803.379(\mathrm{m}) \end{cases}$$

QZ 点的坐标计算：

$$l' = 16645.6565 - 15839.39 = 806.2665(\mathrm{m})$$

$$X' = R\sin\left(\beta + \frac{l'180°}{R\pi}\right) + q = 879.9115(\mathrm{m})$$

$$Y' = R - R\cos\left(\beta + \frac{l'180°}{R\pi}\right) + p = 143.671(\mathrm{m})$$

$$\begin{cases} X = X_{ZH_3} + X'\cos A_{23} - Y'\sin A_{23} = 1479909.598(\mathrm{m}) \\ Y = Y_{ZH_3} + X'\sin A_{23} + Y'\cos A_{23} = 31589918.365(\mathrm{m}) \end{cases}$$

HZ 点的坐标计算：

$$A_{34} = 38°02'47.5''$$

$$\begin{cases} X_{HZ_3} = X_{JD_3} + T_h\cos A_{34} = 1480691.083(\mathrm{m}) \\ Y_{HZ_3} = Y_{JD_3} + T_h\sin A_{34} = 31590347.512(\mathrm{m}) \end{cases}$$

YH～HZ 第二缓和曲线上的中桩坐标计算：如 K17+500 点的坐标

$$l = 17541.923 - 17500 = 41.923(\mathrm{m})$$

$$X' = l - \frac{l^5}{40R^2L_c^2} = 41.923(\mathrm{m})$$

$$Y' = \frac{l^3}{6RL_c} = 0.055(\mathrm{m})$$

$$\begin{cases} X = X_{HZ_3} - X'\cos A_{34} - Y'\sin A_{34} = 1480658.034(\mathrm{m}) \\ Y = Y_{HZ_3} - X'\sin A_{34} + Y'\cos A_{34} = 31590321.718(\mathrm{m}) \end{cases}$$

YH 点的坐标：$l = 90\mathrm{m}$

$$X' = l - \frac{l^5}{40R^2L_c^2} = 89.997(\mathrm{m})$$

$$Y' = \frac{l^3}{6RL_c} = 0.540(\mathrm{m})$$

$$\begin{cases} X = X_{HZ_3} - X'\cos A_{34} - Y'\sin A_{34} = 1480619.876(\mathrm{m}) \\ Y = Y_{HZ_3} - X'\sin A_{34} + Y'\cos A_{34} = 31590292.472(\mathrm{m}) \end{cases}$$

QZ～YH 点的坐标计算：如 K17+000 点的坐标

$$l' = 17451.923 - 17000 = 451.923(\mathrm{m})$$

$$X' = R\sin\left(\beta + \frac{l'180°}{R\pi}\right) + q = 538.657(\mathrm{m})$$

$$Y' = R - R\cos\left(\beta + \frac{l'180°}{R\pi}\right) + p = 49.359(\mathrm{m})$$

$$\begin{cases} X = X_{ZH_3} - X'\cos A_{34} - Y'\sin A_{34} = 1480236.464(\mathrm{m}) \\ Y = Y_{ZH_3} - X'\sin A_{34} + Y'\cos A_{34} = 31590054.408(\mathrm{m}) \end{cases}$$

直线上中桩坐标的计算：如 K17+500 点的坐标

$$D = 17500 - 17451.923 = 48.077(\text{m})$$
$$\begin{cases} X = X_{HZ_3} + D\cos A_{34} = 1480728.944(\text{m}) \\ Y = Y_{HZ_3} + D\sin A_{34} = 31590377.142(\text{m}) \end{cases}$$

任务四　行车视距的认知

学习目标

(1) 明确视距不良的情况。
(2) 掌握行车视距的类型。
(3) 理解不同等级所考虑的视距类型。

任务描述

汽车在行驶期间,驾驶员的视线畅通是保证车辆安全行驶的必要条件。本任务结合生活实际展示视线不良时行车的安全隐患,引导学生掌握行车视距的类型,并知道在视线不良路段,通过开挖视距台可以保证视线的畅通及连续。本任务主要阐述平面视距,对于纵断面视距将在项目三中讲述。

相关知识

为了保证行车安全,驾驶员应能看到前方一定距离内的公路路面,以便及时发现障碍物或对向来车,使汽车在一定的车速下及时制动或绕过。汽车在这段时间内沿路面所行驶的最短距离称为行车视距。行车视距将直接关系到汽车行驶的安全与速度,它是公路使用质量的重要指标之一。因此,无论在公路的平面上或纵断面上,都应保证必要的行车视距。

公路上可能存在如下视距不良的地段。

(1) 平曲线的暗弯处,即处于挖方路段的弯道或内侧有障碍物的弯道,如图2-30所示。
(2) 平面交叉口前后。
(3) 纵断面的凸形竖曲线处,如图2-31所示。

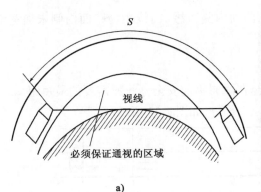

图2-30　平曲线的暗弯处

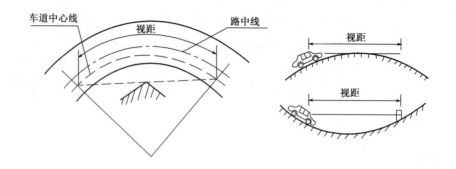

图 2-31 纵断面的凸、凹竖曲线

一、视距的类型

驾驶员发现前方路面上有障碍物或迎面来车时,根据其采取措施不同,行车视距可分为以下四种类型。

(1)停车视距:汽车行驶时,自驾驶员看到障碍物时起,至在障碍物前安全停止所需要的最短距离。

(2)会车视距:在同一车道上两对向汽车相遇,从互相发现起,至同时采取制动措施使车安全停止所需要的最短距离。

(3)错车视距:在没有明确划分车道线的双车道公路上,两对向行驶的汽车,相互发现后即采取减速避让措施,安全错车所需要的最短距离。

(4)超车视距:在双车道公路上,后车超越前车时,从开始驶离原车道之处起,至与对向来车相遇之前,完成超车安全回到原车道所需要的最短距离。

在上述四种视距中,前三种属于对向行驶,第四种属于同向行驶。因第四种需要距离最长,故需单独研究。前三种中会车视距最长,约为停车视距的 2 倍,因此只要能保证会车视距,则停车视距和错车视距就可以得到保证。

二、视距的计算

为了计算方便,《规范》规定行车轨迹为离路面内侧边缘(曲线段为路面内侧未加宽前) 1.5m 处,驾驶员眼高为 1.2m,障碍物高 0.1m。

1. 停车视距

停车视距是指驾驶员从发现障碍物时起,至在障碍物前安全停止所需要的最短距离。停视距可分解为反应距离、制动距离和安全距离三个部分,如图 2-32 所示。

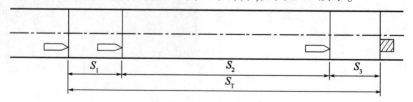

图 2-32 停车视距计算示意图

1)反应距离 S_1

驾驶员发现前方的障碍物,经过判断决定采取制动措施的那一瞬间到制动器真正开始起作用的瞬间汽车所行驶的距离。在这段时间过程中,可分为"感觉时间"和"反应时间"来分析,并用试验来测定。感觉时间很大程度上取决于物体的外形、颜色、驾驶员的视力和机敏程度以及大气的能见度等。根据测定资料,设计上取感觉时间为 1.5s,反应时间取 1.0s 是较适当的,则感觉和反应总时间为 $t=2.5\text{s}$,在这个时间内汽车行驶的距离为:

$$S_1 = \frac{vt}{3.6} \tag{2-41}$$

2)制动距离 S_2

制动距离是指汽车从制动生效到汽车完全停止,这段时间所行驶的距离 S_2:

$$S_2 = \frac{Kv^2}{254(\varphi \pm i)} \tag{2-42}$$

式中:K——制动使用系数,一般取 1.2~1.4;
v——设计速度,km/h;
φ——纵向摩阻系数,依车速及路面状况而定;
i——公路纵坡,以小数计。

3)安全距离 S_3

安全距离是指汽车停驻在障碍物前的距离,S_3 一般取 5~10m,所以停车视距为:

$$S_\text{T} = \frac{vt}{3.6} + \frac{Kv^2}{254(\varphi \pm i)} + S_0 \tag{2-43}$$

2. 超车视距

在对向混合行驶的双车道公路上,各种车辆的行驶速度不同,快速行驶的车辆追上慢速行驶的车辆并超车,需占用对向一定长度的车道。为保证车辆行驶的安全,驾驶员必须看见前面足够长度的车流空隙,以便顺利完成超车,并在超车过程中不影响被超车的行驶状态及其他车流,如图 2-33 所示。

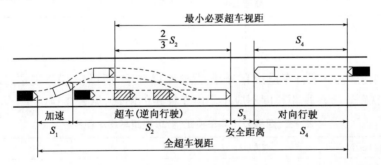

图 2-33 超车视距计算示意图

1)加速行驶距离 S_1

当驾驶员经判断认为有超车的可能,于是加速驶入对向车道,则在驶入对方车道之前的加速行驶距离 S_1 为:

$$S_1 = \frac{v_0 t_1}{3.6} - \frac{a t_1^2}{2} \tag{2-44}$$

式中：v_0——超车的初速度，km/h；

t_1——超车加速度时间，s；

a——超车平均加速度，m/s²。

2) 超车在对向车道行驶的距离 S_2

$$S_2 = \frac{vt_2}{3.6} \tag{2-45}$$

式中：v——超车在对向车道行驶的速度，km/h；

t_2——超车在对向车道行驶的时间，s。

3) 超车完时，超车与对向汽车之间的安全距离 S_3

这个距离视超车和对向汽车的行驶速度不同，采用不同的数值，一般取 $S_3 = 15 \sim 100\text{m}$。

4) 超车开始加速到超车完成时对向汽车的行驶距离 S_4

$$S_4 = \frac{v'(t_1 + t_2)}{3.6} \tag{2-46}$$

式中：v'——对向汽车行驶速度，km/h。

$$S_{超} = S_1 + S_2 + S_3 + S_4 \tag{2-47}$$

以上为理想超车视距长度。当地形困难时，超车视距可按式(2-48)计算：

$$S_{超} = \frac{2}{3}S_2 + S_3 + S_4' \tag{2-48}$$

式中：S_4'——对向车行驶的距离，按 t_2 的 2/3 行驶时间确定；

其余符号含义同前。

三、视距采用的标准

由于高速公路和一级公路采用分向分车道行驶，车辆同向行驶不存在会车问题，主要考虑停车视距，所以《规范》规定高速公路、一级公路应满足停车视距的要求，见表2-13。

高速公路、一级公路停车视距　　　　表2-13

设计速度(km/h)	120	100	80	60
停车视距(m)	210	160	110	75

二、三、四级公路上、下行车道没有分开，混合交通严重，所以《规范》规定二、三、四级公路必须保证会车视距。会车视距长度不应小于停车视距的两倍，见表2-14。

二、三、四级公路停车视距、会车视距与超车视距　　　　表2-14

设计速度(km/h)		80	60	40	30	20
停车视距(m)		110	75	40	30	20
会车视距(m)		220	150	80	60	40
超车视距最小值(m)	一般值	550	350	200	150	100
	极限值	350	250	150	100	70

二、三、四级公路双车道公路，应间隔设置满足超车视距的路段。具有干线功能的二级公路宜在3min的行驶时间内，提供一次满足超车视距要求的超车路段。一般情况下，超车路段长度不小于路线总长度的20%。超车路段的设置应结合地形并力求均匀。

四、行车视距的保证

为了保证汽车在弯道上行驶的安全性,应保证平面视距的区域内通视,即应对这个区域内的障碍物进行清除。平面视距的检查方法有两种:最大横净距法、视距曲线法。

1. 最大横净距法

在弯道各点的横断面上,驾驶员视点轨迹线(汽车行驶轨迹线)至驾驶员视线间的最大距离叫最大横净距。驾驶员的视点距路面高度1.2m,距未加宽的路面外边缘1.5m,如图2-34所示。

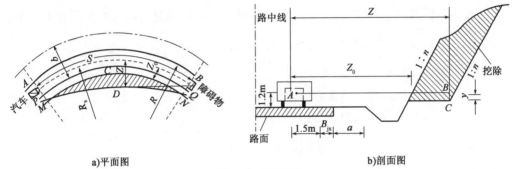

图2-34 平面视距

该汽车行驶轨迹线至驾驶员视线间的距离为Z,障碍物线至行驶轨迹线之间的距离为Z_0,S为平面视距长度,图2-34a)中阻碍驾驶员视线的阴影部分为清除范围。由图2-34知:

当$Z < Z_0$时,视距能保证。

当$Z > Z_0$时,视距不能保证,应进行障碍物清除。

为了保证汽车行驶的平面视距,需通过计算确定最大横净距值Z。Z_0值可在公路横断面图上量取。对最大横净距Z值的确定,可采用解析法,具体如下:

平曲线内最大横净距Z计算公式见表2-15。表中符号见图2-35、图2-36。

公路最大横净距计算公式 表2-15

不设回旋线	$L_s > S$ [图2-35a)] $Z = R_s \left(1 - \cos\frac{\alpha}{2}\right)$	$\alpha = \frac{180°S}{\pi R_s}$
	$L_s < S$ [图2-35b)] $Z = R_s \left(1 - \cos\frac{\alpha}{2}\right) + \frac{S-L}{2}\sin\frac{\alpha}{2}$	$L = \frac{\pi}{180°}\alpha R_s$
设回旋线	$S < L_s'$ $Z = R_s \left(1 - \cos\frac{\alpha}{2}\right)$	$\alpha = \frac{180°S}{\pi R_s}$
	$L_s' \leq S \leq L_s$ [图2-36a)] $Z = R_s \left(1 - \cos\frac{\alpha - 2\beta}{2}\right) + (l_h - l_0)\sin\left(\frac{\alpha}{2} - \delta\right)$	$\delta = \arctan\left\{\frac{1}{6}\frac{l_h}{R_s}\left[1 + \frac{l_0}{l_h} + \left(\frac{l_0}{l_h}\right)^2\right]\right\}$
	$S > L_s$ [图2-36b)] $Z = R_s \left(1 - \cos\frac{\alpha - 2\beta}{2}\right) + l_h \sin\left(\frac{\alpha}{2} - \delta\right) + \frac{S - L_s}{2}\sin\frac{\alpha}{2}$	$\delta = \arctan\frac{l_h}{6R_s}$

表中:Z——最大横净距,m;
S——视距,m;
L——曲线长度,m;
L'_s——圆曲线长度,m
l_h——缓和曲线长度,m;
L_s——曲线内侧行驶轨迹长度,m;
l_0——汽车计算位置 M(或 N)到缓和曲线起点的距离,m,$l_0 = \dfrac{L_s - S}{2}$;
R_s——曲线内侧行驶轨迹的半径,m,其值为未加宽前路面内缘的半径加上1.5m,即
$R_s = R - \dfrac{B}{2} + 1.5$,$B$ 为路面宽度,m;
α——曲线转角,(°);
δ——视距线所对应的圆心角,(°);
β——缓和曲线切线角,(°)。

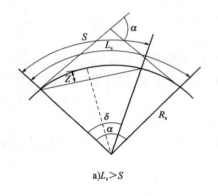
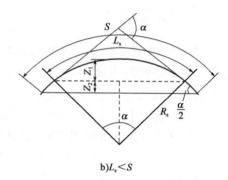

图 2-35 不设回旋线时横净距计算图

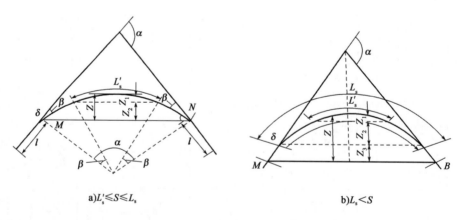

图 2-36 设圆旋曲线时横净距计算图

2. 视距曲线法

用绘图方法确定清除障碍物范围,称为视距曲线法,如图 2-37 所示。

视距曲线的作图步骤如下:

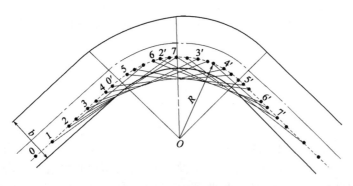

图 2-37 视距曲线图

(1)按比例画出弯道平面图,在图上示出路面两边边缘(包括路面加宽在内)、路基边缘线(包括路基加宽在内)、路中线及距加宽前路面内侧边缘 1.5m 的行车轨迹线(有缓和曲线时也应按缓和曲线形式画出汽车轨迹线)。

(2)由平曲线的起、终点向直线段方向沿轨迹线量取设计视距 S 长度,定出 O 点(或对称 O 点)。

(3)从 O 点向平曲线方向沿轨迹线把 O 点至曲线中点的轨迹长度分成若干等份(一般分 10 等份),得 1、2、3……各点或对称 1、2、3……

(4)从 0、1、2、3……分别沿轨迹方向量取设计视距 S,定出各相应点 0′、1′、2′、3′……则 $\overline{0-0'}$、$\overline{1-1'}$、$\overline{2-2'}$、$\overline{3-3'}$……和对称的 $\overline{0-0'}$、$\overline{1-1'}$、$\overline{2-2'}$、$\overline{3-3'}$……都在轨迹线上满足设计视距 S 的要求。

(5)用直线分别连 $\overline{00'}$、$\overline{11'}$、$\overline{22'}$……和对称的 $\overline{00'}$、$\overline{11'}$、$\overline{22'}$……各线段互相交叉。

(6)用曲线板内切于各交叉的线段,画出内切曲线,这条内切曲线就是视距曲线。

(7)视距曲线两端与障碍线相交,在视距曲线与障碍线之间的部分,就是应该清除障碍物的范围。

用几何的方法不但能确定最大横净距,还可以确定弯道上任意桩号的横净距,而解析法只能确定弯道中点的最大横净距。

任务五 路线平面测设

 学习目标

(1)明确平面线形设计成果的组成。
(2)理解设计成果表中数据的关系。
(3)明确里程桩的设置方法。
(4)掌握平面线形测设方法。

 任务描述

公路的施工是依据设计文件中的成果来实施的,而平面设计成果较多,最主要的成果有路线设计平面图、直线曲线转角表、逐桩坐标表。本任务通过分析讨论成果表中的数据关系,引导学生看懂设计文件中的平面设计图和成果表,并能根据设计文件成果进行公路中线的测设。

一、公路平面测设依据

路线平面设计的主要技术成果包括图纸和表格两个部分。其中,图纸有路线平面设计图、路线平面总体设计图、道路用地图、路线交叉设计图等;表格有直线、曲线及转角表,逐桩坐标表,总里程及断链桩号表。这里仅就直线、曲线及转角表,逐桩坐标表,路线平面设计图予以说明。

1. 直线、曲线及转角表

直线、曲线及转角表全面反映路线的平面位置和路线平面线形的各项指标,是公路设计的主要成果之一。完成该表后才能计算逐桩坐标表和绘制路线平面设计图,同时在公路的纵、横断面和其他构造物设计时都要用到该表数据,见表2-16。

2. 逐桩坐标表

逐桩坐标表是高等级公路平面设计成果之一,是公路中线放样的重要资料。高速公路、一级公路的线形指标较高,在测设时需采用坐标法才能保证测设精度。所以平面设计成果必须提供一份逐桩坐标表,见表2-17。

3. 路线平面设计图

公路路线平面图是指道路中线在内的有一定宽度的带状地形图,是公路平面设计文件的重要成果,该图全面、清晰地反映公路平面位置和经过地形、地物等,见图2-38。

1)公路路线平面图的比例尺和测绘范围

在工程可行性研究、初步设计方案研究与比选阶段,可采用1:5000或1:10000的比例尺测绘(或向国家测绘部门和其他工程单位收集),但作为初步设计、施工图设计文件组成部分应采用较大的比例尺,一般测绘时常用1:2000,在平原微丘区可采用1:5000,在地形复杂地段的初步设计、施工图设计可采用1:500或1:1000。路线带状地形图的测绘宽度,一般是路中线两侧各100~200m,对1:5000的地形图,测绘宽度每侧应不小于250m,若有比较线,测绘宽度应将比较线包括进去。

路线平面图应示出地形、地物、路线位置及桩号、断链、平曲线主要桩位与其他主要交通路系,以及县以上境界等,标注水准点、导线点及坐标格网或指北图式,示出特大桥、大桥、中桥、隧道、路线交叉位置等,图中还应列出平曲线要素表。

2)路线平面图的展绘

(1)导线或路中线的展绘。

初测阶段时应先沿着路线走廊布设附合导线,将导线点按其坐标(X,Y)准确地展绘到绘有方格网的图纸上,以导线为基线,作为测绘地形图的依据。定测阶段时,先将交点按其坐标(X,Y)准确地展绘到绘有坐标方格网的图纸上,再按逐桩坐标表所提供的数据,展绘曲线,并注明百米桩、公里桩;以路线为基线,测绘地形。

(2)控制点的展绘。各种比例尺的地形图,均应展绘出测绘宽度内的各等级三角点、导线点、图根点、水准点,并按规定的符号表示。

直线、曲线及转角表

表 2-16

交点号	交点坐标 X	交点坐标 Y	交点桩号	转角值 (° ′ ″)	曲线要素 (m) 半径	缓和曲线长	切线长度	曲线长	外距	校正值	曲线位置 第一缓和曲线起点	第一缓和曲线终点	曲线中点	第二缓和曲线终点	第二缓和曲线起点	直线长度 (m)	交点距离 (m)	计算方位角或计算角方向 (° ′ ″)	测量断链 桩号	增减长度	备注
1	2	3	4	5	6	7	8	9	10	11	12	13	14	15	16	17	18	19	20	21	22
起点	41808.20	90033.60	K0+000.00													395.59					
2	41317.59	90464.10	K0+652.72	右 35 35 25	800.00	0.00	256.78	496.93	40.20	16.62			K0+644.41	K0+892.87		104.57	652.72	138 44 00			
3	40796.31	90515.92	K1+159.95	左 57 32 52	250.00	50.00	162.51	301.10	35.69	23.92	K0+997.44	K0+395.39	K1+147.99	K1+248.54	K1+298.54	558.27	523.86	174 19 25			
4	40441.52	91219.07	K1+923.56	左 34 32 06	150.00	40.00	66.75	130.41	7.55	3.09	K1+856.81	K1+047.43	K1+922.02	K1+947.22	K1+987.22	328.67	787.53	116 46 33			
5	40520.20	91796.47	K2+503.27	右 78 53 21	200.00	45.00	187.38	320.38	59.53	54.39	K2+315.89	K2+896.81	K2+476.08	K2+591.27	K2+636.27	0.03	582.80	82 14 27			
6	40221.11	91898.70	K2+764.97	左 51 40 28	224.13	40.00	128.67	242.14	25.22	15.19	K2+636.30	K2+360.89	K2+757.37	K2+838.44	K2+838.44	365.56	316.05	161 07 48			
7	40047.40	92390.47	K3+271.32	左 34 55 51	150.00	40.00	67.32	131.45	7.72	3.20	K3+204.00	K3+676.30	K3+269.72	K3+259.44	K3+335.44	528.61	561.55	109 27 20			
8	40190.11	92905.94	K3+802.98	右 22 25 25	600.00	0.00	118.93	234.82	11.67	3.04	K3+244.00	K3+864.05	K3+801.46	K3+918.87		460.31	714.86	74 31 29			
终点	40120.03	93480.92	K4+379.18														579.24	96 56 54			

××公路工程

逐桩坐标表

表2-17
第1页 共2页

桩号	坐标 N(X)	坐标 E(Y)	桩号	坐标 N(X)	坐标 E(Y)	桩号	坐标 N(X)	坐标 E(Y)
K27+106.875	3678187.27	36425166.17	K27+402.875	3678138.601	36424874.54	K27+623.875	3678042.531	36424676.53	K27+828.875	3677902.399	36424527.91
K27+108.875	3678187.005	36425164.19	K27+412.875	3678135.636	36424864.99	K27+638.875	3678033.812	36424664.32	K27+832.075	3677899.883	36424525.93
K27+128.875	3678184.347	36425144.36	K27+418.875	3678133.792	36424859.28	K27+644.875	3678030.252	36424659.49	K27+832.875	3677899.252	36424525.44
K27+142.875	3678182.487	36425130.49	K27+420.875	3678133.166	36424857.38	K27+646.875	3678029.056	36424657.89	K27+834.375	3677898.069	36424524.52
K27+162.875	3678179.83	36425110.66	K27+440.875	3678126.613	36424838.48	K27+658.375	3678022.09	36424648.74	K27+840.875	3677892.92	36424520.55
K27+180.875	3678177.438	36425092.82	K27+456.875	3678120.983	36424823.51	K27+660.375	3678020.864	36424647.16	K27+842.975	3677891.25	36424519.28
K27+182.875	3678177.173	36425090.84	K27+464.875	3678118.04	36424816.07	K27+666.375	3678017.156	36424642.44	K27+843.975	3677890.453	36424518.67
K27+202.875	3678174.515	36425071.02	K27+467.875	3678116.914	36424813.29	K27+667.375	3678016.535	36424641.66	K27+845.375	3677889.337	36424517.83
K27+204.575	3678174.29	36425069.33	K27+469.375	3678116.347	36424811.9	K27+676.375	3678010.889	36424634.65	K27+848.875	3677886.54	36424515.72
K27+206.375	3678174.05	36425067.55	K27+470.375	3678115.967	36424810.97	K27+677.375	3678010.256	36424633.88	K27+858.875	3677878.505	36424509.77
K27+207.575	3678173.891	36425066.36	K27+471.875	3678115.395	36424809.59	K27+678.875	3678009.304	36424632.72	K27+866.375	3677872.442	36424505.36
K27+210.875	3678173.453	36425063.09	K27+488.875	3678108.703	36424793.96	K27+698.875	3677996.383	36424617.45	K27+866.875	3677872.036	36424505.06
K27+228.875	3678171.061	36425045.25	K27+489.875	3678108.298	36424793.05	K27+718.875	3677983.031	36424602.56	K27+884.875	3677857.376	36424494.62
K27+246.875	3678168.669	36425027.41	K27+508.875	3678100.348	36424775.79	K27+738.875	3677969.259	36424588.06	K27+894.875	3677849.185	36424488.88
K27+256.875	3678167.337	36425017.5	K27+524.875	3678093.292	36424761.43	K27+754.875	3677957.947	36424576.75	K27+902.875	3677842.615	36424484.32
K27+258.875	3678167.069	36425015.52	K27+534.275	3678088.994	36424753.07	K27+772.875	3677944.915	36424564.33	K27+918.875	3677829.454	36424475.22
K27+260.375	3678166.867	36425014.03	K27+535.175	3678088.577	36424752.27	K27+778.375	3677940.87	36424560.6	K27+932.875	3677817.932	36424467.27
K27+272.875	3678165.161	36425001.65	K27+535.675	3678088.344	36424751.83	K27+788.875	3677933.067	36424553.58	K27+936.875	3677814.64	36424464.99
K27+277.875	3678164.461	36424996.7	K27+552.875	3678080.161	36424736.7	K27+796.875	3677927.052	36424548.31	K27+942.875	3677809.702	36424461.59
K27+296.875	3678161.67	36424977.9	K27+566.875	3678073.227	36424724.54	K27+797.875	3677926.295	36424547.65	K27+944.875	3677808.056	36424460.45
K27+314.875	3678158.759	36424960.14	K27+574.875	3678069.156	36424717.65	K27+798.875	3677925.538	36424547	K27+958.875	3677796.534	36424452.5
K27+332.875	3678155.496	36424942.44	K27+576.375	3678068.384	36424716.37	K27+804.375	3677921.358	36424543.42	K27+968.875	3677788.304	36424446.82
K27+352.875	3678151.363	36424922.87	K27+594.875	3678058.637	36424700.64	K27+806.875	3677919.448	36424541.81	K27+988.875	3677771.844	36424435.46
K27+368.875	3678147.655	36424907.31	K27+608.875	3678050.987	36424688.92	K27+818.875	3677910.203	36424534.16	K28+002.875	3677760.322	36424427.5
K27+388.875	3678142.522	36424887.98	K27+622.875	3678043.103	36424677.35	K27+826.875	3677903.967	36424529.15	K28+016.875	3677748.801	36424419.55

编制： 复核：

转角桩坐标表

JD	X	Y
191	32 325.000	61 890.000
192	31 280.000	61 250.000

导线点成果表

编号	X	Y	高程
F63	32 187.159	61 779.231	386.602
F64	31 391.237	61 421.357	420.158

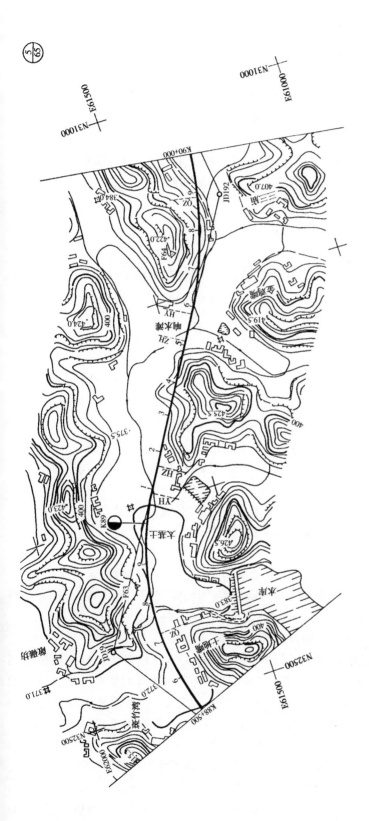

图2-38 公路平面图示例

(3)各种构造物的测绘。各种比例尺的地形图,各类构造物、建筑物及其主要附属设施应按《公路勘测规范》(JTG C10—2007)的规定测绘和表示。各种线状地物,如管线,高、低压电线等应实测其支架或电杆。对穿越路线的高压线应实测其悬垂线距地面的高度并注明伏安。地下管线等应详细测定其位置。公路及其附属物应按实际形状测绘。

(4)水系及其附属物的测绘。各种比例尺的地形图,均应展绘出测绘宽度内海洋的海岸线位置、水渠顶边及底边高程、堤坝顶部及坡脚的高程、水井井台高程、水塘塘顶边及塘底的高程。河流、水沟等应注明水流流向。

(5)地形、地貌的测绘。各种比例尺的地形图,地形、地貌、植被、不良地质地带等均应详细测绘并用等高线和国家测绘局制定的"地形图图式"符号及数字注明。

二、路线平面测设方法

1. 里程桩的设置

路线交点坐标值在地形图上确定以后,利用测图导线按全站仪坐标放样法进行放样。这种方法外业工作更快,而且由于利用测图导线放点,故无误差累积现象。在路线交点测定后,即可进行道路中线测量,经过实地量距设置里程桩,以标定公路中心线的具体位置。公路中线里程桩亦称中桩,桩面上写有桩号,表示该桩至路线起点的水平距离。如某桩点距路线起点的里程为1362.08m,则桩号记为K1+362.08。

里程桩包括路线起终点桩、交点桩、转点桩、百米桩、公里桩、平曲线控制桩(如直缓或直圆、缓圆、曲中、圆缓、缓直或圆直、公切点等)、桥涵或隧道轴线控制桩、断链桩,此外,还应按桩距要求、地形变化和设计需要,钉设加桩。加桩一般按下列情况设置。

(1)地形加桩:路线范围内纵向与横向地形有显著变化处,应钉设地形加桩。

(2)地物加桩:路线与水渠、管道、电信线、电力线等交叉点或拆迁建筑物点,有耕地及经济作物干扰地段的起、终点,应钉设地物加桩。

(3)交叉加桩:路线与原有公路、铁路、便道交叉处,应钉设路线交叉加桩。

(4)桥隧加桩:小桥涵中心及大中桥、隧道的两端,应钉设桥涵隧道加桩(当桥涵加桩由有关组定时,中桩组只需负责标上里程)。

(5)地质加桩:路线在土质变化处及地质不良地段的起、终点处,应钉设地质加桩。

(6)断链加桩:由于局部改线或事后发现距离错误等,致使路线的里程不连续,桩号与路线的实际里程不一致,为说明该情况而设置的加桩。

(7)行政区域加桩:在省、地(市)、县级行政区划分界处应加桩。

里程桩的设置是在中线丈量的基础上进行的,一般是边丈量边设置。丈量一般使用钢尺,低等级公路可用皮尺。测设曲线时,应先测定曲线控制桩,再测设其他桩。里程桩的设置应按照规定满足其桩距及精度要求。直线上的桩距一般为20m,地形平坦时不应大于50m;曲线上加桩的桩距一般为直线上的1/2,具体应按《公路勘测规范》(JTG C10—2007)执行。

钉桩时,对起控制作用的交点桩、转点桩、路线起终点桩、重要地物加桩及曲线起点、中点、终点桩等均应采用方桩。方桩桩顶露出地面约2cm,桩顶钉一小钉表示点位。在距方桩20cm左右设置指示桩,上面书写桩的名称和桩号。钉指示桩要注意字面应朝向方桩,直线上的指示桩应打在路线的同一侧,曲线上的则应打在曲线的外侧。除控制桩之外,其他的桩一一般采用板桩,直接打在点位上,一半露出地面,以便书写桩号,有字的一面要面向路线的起点方向。

2. 单圆曲线测设

圆曲线又称单曲线,由一定半径的圆弧构成,是路线弯道中最基本的平曲线形式。圆曲线的测设方法也是遵循"先控制后碎部"的原则进行:先定出曲线上起控制作用的曲线主点,然后在主点的基础上进行详细测设,加密曲线上的细部点,完整地标出曲线的平面位置。

1) 圆曲线的主点测设

如图 2-39 所示,主点桩的测设方法如下:

(1) 在交点(JD)处沿两边切线方向分别量取 T 得平曲线起点(ZY)和终点(YZ)的位置。

(2) 在交点(JD)处沿分角线方向量取 E 得平曲线中点(QZ)的位置。

2) 圆曲线的详细测设

在圆曲线测设时,为了控制曲线的线形,应按一定的桩距要求对圆曲线进行详细测设。按桩距在曲线上设桩,通常有两种方法:一种是整桩距法,就是从曲线起点开始按某一固定的桩距进行设桩,桩号一般不为整桩号;另一种方法是整桩号法,即从曲线起点在曲线上设第一个桩时,将桩号凑成整数,其他桩号按桩距要求设置,这样设置的桩均为整桩号。在中线测量中,一般均采用整桩号法。圆曲线的详细测设一般有以下几种方法。

(1) 切线支距法。切线支距法是以圆曲线起点 ZY(或终点 YZ)为坐标原点,切线方向为 x 轴,过原点的半径方向为 y 轴,建立直角坐标系。按曲线上各点的坐标 (x,y) 设置曲线。

如图 2-40 所示,设 P_i 为圆曲线上欲测设的点位,该点至 ZY(或 YZ)点的弧长为 l_i,φ_i 为 l_i 所对应的圆心角,R 为圆曲线半径,则 P_i 的坐标可按式(2-49)计算:

$$x_i = R\sin\varphi_i$$
$$y_i = R(1 - \cos\varphi_i) \tag{2-49}$$

式中:$\varphi_i = \dfrac{l_i}{R} \cdot \dfrac{180°}{\pi}$;

l_i——圆曲线上任意一点 P_i 与曲线起点(或终点)的里程桩号之差。

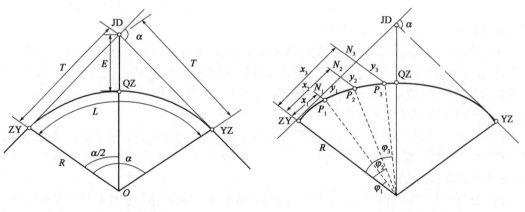

图 2-39 圆曲线要素图　　图 2-40 切线支距法计算图

在用切线支距法测设曲线时,为了避免支距过长,一般由 ZY(或 YZ)点分别向 QZ 点施测。其测设步骤如下:

①从 ZY(或 YZ)点开始用钢尺或皮尺沿切线方向量取 P_i 的横坐标 x_i，得一点垂足 N_i。

②在各垂足 N_i 点上用方向架定出垂直方向，从 N_i 点沿此方向量取纵坐标 y_i，即可定出待测点 P_i。

在圆曲线上各桩点设置完毕以后，应量测相邻桩之间的距离，与相应的桩号之差作比较，且考虑弦弧差的影响，若较差均在限差之内，则曲线测设合格，否则应查明原因，予以纠正。

切线支距法的优点是方法简便，各点位置独立，无测点累积误差，但测设的点位精度偏低，一般较适用于平坦开阔地区，对山区地形复杂地段使用不便。

(2) 偏角法。偏角法是以圆曲线起点 ZY(或终点 YZ)至曲线上任意一点 P_i 的弦线与切线 T 之间的偏角 Δ_i（即弦切角）和弦长 C_i 来确定 P_i 点的位置。

如图 2-41 所示，偏角 Δ_i 和弦长 C_i 的计算公式为：

偏角
$$\Delta_i = \frac{l_i}{R} \cdot \frac{180°}{2\pi} \tag{2-50}$$

弦长
$$C_i = 2R\sin\frac{\varphi_i}{2} \tag{2-51}$$

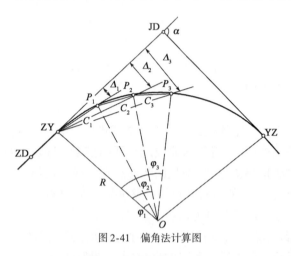

图 2-41 偏角法计算图

式中：$\varphi_i = \frac{l_i}{R} \cdot \frac{180°}{\pi}$；

l_i——圆曲线上任意一点 P_i 与圆曲线起点(或终点)的里程桩号之差。

测试方法：用偏角法测设圆曲线的细部点，因测设距离的方法不同，分为长弦偏角法和短弦偏角法两种。前者测设测站至细部点的距离(长弦)，适合于用经纬仪加测距仪或全站仪。

偏角法详细测设圆曲线的方法和步骤如下：

①将经纬仪(或全站仪)安置在起点 ZY 点上，对中整平后瞄准交点 JD，并将水平度盘配置在 0°00′00″。

②水平转动照准部，使水平度盘读数为桩号的偏角值 Δ_1，从 ZY 点开始，沿望远镜视线方向量取弦长 C_1，定出 P_1 点，即为桩位。

③再水平转动照准部，使水平度盘读数为偏角值 Δ_2，从 ZY 点开始，沿望远镜视线方向量取长弦 C_2，定出 P_2 点；或从 P_1 点量取短弦(即桩号 P_1 点至桩号 P_2 点之间的弦长)，与水平度盘读数为偏角 Δ_2 时的望远镜视线方向相交而定出 P_2 点，以此类推，测设 P_3、P_4……直至 YZ 点，此点与 YZ 桩位的闭合差应符合要求。

以上讨论的是以圆曲线起点 ZY 向圆曲线终点 YZ 测设的方法。实际测设中，偏角法不仅可以在 ZY 点上测设圆曲线，而且还可以在 YZ 或 QZ 点上测设，但一般从曲线两端(ZY 或 YZ)向中点测设更为方便。

偏角法详细测设圆曲线的优点是准确度较高，精度易于掌握，适用于地形较复杂地区，缺点是必须要通视和便于量距，而且有累积误差，但从曲线两端向中点或自中点向两端测设曲线可以减少这种误差。

(3) 坐标法。由于全站仪本身具有的三维坐标功能，因此利用坐标法进行圆曲线的详细测设,最适合于用全站仪进行测量。用坐标法测设应首先计算圆曲线主点和其他中桩点的坐标,然后根据测站点和后视点的坐标用全站仪测设已知坐标的圆曲线主点和其他中桩点。

按坐标法进行测设是利用全站仪的坐标测量功能,只需输入有关点的坐标值即可,即根据设置测站的坐标、后视点的坐标和待测设各桩点的坐标,可测设各待测桩点。测设的具体步骤如下(图2-42):

①在已知点 A 安置全站仪,后视已知点 B,选择设置测量模式。

②输入置仪点和后视点的坐标 $B(x_B, y_B)$、$A(x_A, y_A)$,完成定向工作。

③键入待放点坐标 $P(x_P, y_P)$。

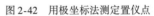

图2-42 用极坐标法测定置仪点

④转动照准部使水平角为 $0°00'00''$,完成待放点 P 的定向工作。

⑤在对讲机指挥下,持棱镜者置反射镜于 P 点方向上,并前、后移动棱镜,使全站仪面板显示 0.00,此时的位置即为 P 点的精确点位。

⑥重复步骤③~⑤,可放出其他中桩位。但当改变置仪点的位置后,要重复步骤①~⑤进行测设。

在实际采用坐标测设中桩的过程中,可以根据施测地区的具体地形情况,将路线分为若干段,采用数台仪器同时进行测设。

该法的优点是仪器可以安置在任何已知点上进行,如已知坐标的控制点、交点、转点等。其测设速度快、精度高。目前在公路勘测中已被广泛应用。

3. 有缓和曲线的圆曲线详细测设

1)切线支距法

这种方法与单圆曲线的测设基本相同,它是以切线为 x 轴,ZH(或 HZ)点为坐标原点,通过原点并垂直 x 轴方向的直线为 y 轴,计算曲线上各任意点的坐标 (x, y),测设平曲线。

(1)缓和曲线上任意一点的测设。如图2-43所示,缓和曲线上任意一点的坐标值按式(2-52)计算:

$$\left. \begin{array}{l} x = l - \dfrac{l^5}{40R^2 l_h^3} \\ y = \dfrac{l^3}{6Rl_h} - \dfrac{l^7}{336R^3 l_h^3} \end{array} \right\} \quad (2-52)$$

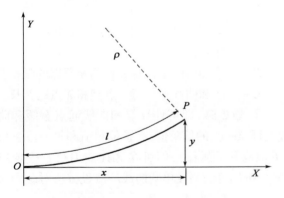

图2-43 缓和曲线任意一点 P 的坐标

注:O 点为 ZH(或 HZ)点,即缓和曲线起点作为坐标原点。

测设方法如下:

①从 ZH(或 HZ)点沿 JD 方向量取 x_1,得 N_1 点。

②在 N_1 点的垂向上,向曲线的偏转方向量取 y_1,得 P_1 点点位。

③重复以上步骤测设至缓和曲线终点。

(2)主圆曲线上任意一点的测设。如图2-44a)所示,以ZH(或HZ)点为原点的切线支距法计算公式如下:

$$\left.\begin{aligned} x &= x' + q = R\sin\varphi + q \\ y &= y' + p = R(1 - \cos\varphi) + p \end{aligned}\right\} \quad (2\text{-}53)$$

式中：$\varphi = \dfrac{l - l_h/2}{R} \cdot \dfrac{180°}{\pi}$；

l——主圆曲线上任意一点到ZH(或HZ)点的弧长。

测设方法同前述切线支距法。

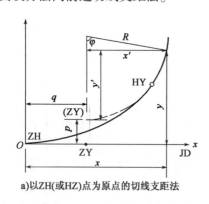
a)以ZH(或HZ)点为原点的切线支距法

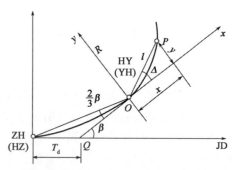
b)以HY(或YH)点定出切线法或偏角法主曲线上任意一点的测设

图2-44 切线支距法示意图

2)偏角法

(1)缓和曲线上任意一点的测设。用偏角法测设缓和曲线,首先应计算缓和曲线上任意一点P_i的偏角值Δ,如图2-45所示。

$$\Delta = \frac{l^2}{6Rl_h} \cdot \frac{180°}{\pi} \quad (2\text{-}54)$$

$$C \approx l' \quad (2\text{-}55)$$

式中：l——缓和曲线上任意一点到缓和曲线起点弧长；

l'——缓和曲线上任意一点到相邻点的弧长；

C——缓和曲线上任意一点到相邻点的弦长。

用式(2-54)即可计算缓和曲线起点至缓和曲线上任意一点的偏角值,有了偏角值和每一段弦长(近似地等于弧长),即可在ZH(或HZ)点安置经纬仪,按偏角法测设单圆曲线的测设方法对缓和曲

图2-45 偏角法法测设缓和段

线进行测设。

(2)主曲线上任意一点的测设。如图2-40b)所示,计算公式为:

$$\Delta_i = \frac{l}{2R} \cdot \frac{180°}{\pi} \quad (2\text{-}56)$$

式中：l——主圆曲线上任意一点到HY(YH)点的里程桩号之差(弧长)。

测设方法如下：

①置经纬仪于HY(YH)点,后视ZH(HZ)点,向偏离曲线方向拨角$2\beta/3$,倒镜配度盘

为 $0°00'00''$。

②拨角 Δ_1，从 HY(YH)点量取 C_1（C_1 计算公式同单圆曲线）与视线交会出中桩点位 P_1。

③重复以上步骤测设至 QZ 点。

3）坐标法

如图 2-46 所示，用全站仪测设带有缓和曲线段的平曲线，其中线桩点的测设坐标计算方法如下：

交点桩 JD_1、JD_2、JD_3 和它们的坐标 (x_1,y_1)、(x_2,y_2)、(x_3,y_3)，已在图上量出或在实地测定，路线导线的坐标方位角和边长可用坐标反算公式求得。按坐标进行测设带有缓和曲线段的平曲线，方法与坐标法测设单圆曲线相同。

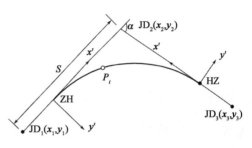

图 2-46　全站仪坐标法

习题与思考题

一、思考题

1. 圆曲线最小半径分为哪几类？
2. 设置缓和曲线的目的是什么？确定缓和曲线最小长度需从哪几个方面考虑？
3. 为什么要在圆曲线内设置超高和加宽？超高横坡度值如何合理确定？在什么情况下要加宽？加宽值如何确定？
4. 简述无中央分隔带超高缓和段绕内边轴旋转的形成过程。
5. 平面设计的主要成果有哪些？如何获得这些成果？
6. 简述平面线形的组合形式。
7. 道路中线测量的任务是什么？
8. 何谓路线的里程桩？加桩有哪些方法？

二、习题

1. 某二级公路平原微丘区交点桩号 K3+383.76，$R=400$m，右转角 $\alpha=34°12'32''$，缓和曲线 $l_h=70$m。试确定该平曲线要素及平曲线主点桩号。

2. 某弯道半径 $R=100$m，转角 $\alpha=90°$，超高横坡度 $i_b=6\%$，行车道宽度 $b=7.0$m。路肩宽度 $a=0.75$m，路拱坡度 $i_1=2\%$，路肩坡度 $i_0=3\%$，超高缓和段长度为 30m，JD 桩号为 K0+900，全加宽值 $B_j=0.9$m。试分别计算 K0+800、K0+820、K0+940 和 K0+960 桩号的超高值。

3. 某山岭区二级公路，已知 JD_1 的坐标为 (40961.914, 91066.103)，JD_2 的桩号为 K8+084.56，坐标为 (40433.528, 91250.097)，JD_3 的坐标为 (40547.416, 91810.329)，并设 JD_2 处圆曲线半径 $R=200$m，缓和曲线长 $l_h=50$m。试求：

(1) JD_2 的平曲线要素；

(2) JD_2 的主点桩号及坐标；

(3) 在平曲线内按整桩号法间距为 20m 进行加桩，并计算逐桩坐标。

项目三　公路纵断面测设

任务一　路线纵断面测量

(1)明确纵断面线形组成。
(2)掌握设计高程的相关规定。
(3)明确纵断面设计的任务。

纵断面是沿公路中线竖向剖切展开而成的,其图纸由纵断面地面线和设计线组成。而纵断面设计线又由直坡和竖曲线组成。本任务主要结合纵断面设计图纸引导学生明确纵断面设计图的组成,知道设计线中纵坡大小的表示方法,设计高程代表的位置,同时会进行纵断面地面线的测量及绘制。

沿公路中线竖向剖切进而展开即为公路纵断面。由于地形、地物、地质、水文等自然因素的影响以及满足经济性的要求,公路路线在纵断面上不可能从起点至终点是一条水平线,而是一条有起伏的空间线。

一、公路纵断面图

公路纵断面示意图见图3-1。

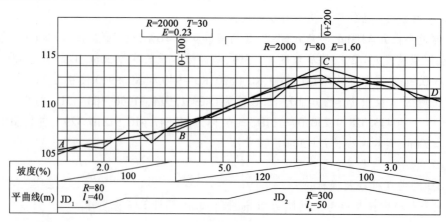

图3-1　纵断面图

1. 公路纵断面线形组成

在纵断面图上,有两条主要的线:一条是地面线,它是根据中线上各桩的高程而点绘的一条不规则的折线,反映了沿着中线地面的起伏变化情况;另一条是设计线,它是设计人员经过技术上、经济上以及美学上等多方面的比较后,由设计人员定出的一条具有规则形状的几何线形,反映了道路路线的起伏变化情况。它由直线和曲线组成。直线有上坡和下坡,是用高差、水平长度及纵坡度表示的。纵坡度 i 表征匀坡路段坡度的大小,用高差 h 与水平长度 L 之比量度,即 $i = h/L(\%)$。在直线的纵坡转折处为了平顺过渡,须设置一定长度的竖曲线来进行缓和。按坡度转折形式的不同,竖曲线有凸形和凹形竖曲线,其大小用半径和水平长度表示。

2. 路基设计高程规定

新建公路:高速公路、一级公路采用中央分隔带外侧边缘高程;二、三、四级公路采用路基边缘高程,在设置超高和加宽路段时则是指设置超高加宽之前该处高程。

改建公路:一般按新建公路的规定办理,也可以采用中央分隔带中线或行车道中线高程。

二、纵断面地面线的测量

1. 纵断面测量的任务

路线纵断面测量又称为中线水准测量,它的任务是测定路中线上各里程桩(简称中桩)的地面高程,为绘制路线纵断面图提供基础资料,包括基平测量和中平测量两个步骤。

为了保证测量精度,根据"从整体到局部、先控制后碎部"的原则,纵断面测量一般分为两步进行:首先是沿路线方向设置水准点,并测定其高程,从而建立路线的高程控制,称为基平测量;然后是根据基平测量建立的水准点的高程,分别在相邻的两个水准点之间进行水准测量,测定各里程桩的地面高程,称为中平测量。

2. 基平测量的方法

进行基平测量时,首先应将起始水准点与附近国家水准点进行联测,以获取水准点的高程。如有可能,应构成附合水准路线。当路线附近没有国家水准点或引测困难时,则可用气压计测得近似高程或参考地形图选定一个与实地高程接近的数值作为起始水准点的假定高程。

水准点高程的测定,通常采用一台水准仪在两个相邻的水准点间作往返观测获得,也可用两台水准仪作同向单程观测。具体观测方法及精度要求可参见《公路勘测规范》(JTG C10—2007)高程控制测量的有关内容。

3. 中平测量

在完成基平测量以后,就可进行中平测量。目前公路工程中一般采用水准仪或全站仪进行中平测量。

1) 用水准仪进行中平测量

中平测量是根据基平测量提供的水准点高程,按附合水准路线逐点施测中桩的地面高程。

中平测量通常采用普通水准测量的方法施测,以相邻两基平水准点为一测段,从一个水准点出发,对测段范围内所有路线中桩逐个测量其地面高程,最后附合到下一个水准点上。中平测量时,每一测站除观测中桩外,还须设置传递高程的转点,转点位置应选择在稳固的桩顶或坚石上,视距限制在 150m 以内,相邻转点间的中桩称为中间点。为提高传递高程的精度,每一测站应先观测前、后转点,转点读数至毫米,然后观测中间点,中间点读数读至厘米即可,立尺应紧靠桩边的地面上。

如图 3-2 所示,施测时水准仪安置在 Ⅰ 站,后视水准点 BM_1,前视转点 ZD_1,将水准尺读数记入表 3-1 中"后视""前视"栏,再观测 BM_1 与 ZD_1 间桩号为 0+000、0+020、0+040、0+060、0+080 的中间点,将水准尺读数分别记入"中视"栏;仪器搬至 Ⅱ 站,先后视 ZD_1,接着前视 ZD_2,再观测 0+100、0+120、0+140、0+160、0+180 各中间点,并将水准尺读数记入表 3-1 相应栏中。按上述步骤一直测到 BM_2 为止。

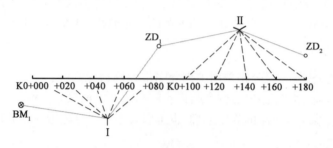

图 3-2 中平测量示意图

中平测量记录表 表 3-1

测点	水准尺读数(m)			视线高程 (m)	高程 (m)	备注
	后视	中视	前视			
BM_1	2.191			514.505	512.314	
K0+000		1.62			512.89	
+020		1.90			512.61	
+040		0.62			513.89	
+060		2.03			512.48	
+080		0.90			513.60	
ZD_1	3.162		1.006	516.661	513.499	基平测得 BM_2 的高程为 524.824m
+100		0.50			516.16	
+120		0.52			516.14	
+140		0.82			515.84	
+160		1.20			515.46	
+180		1.01			515.65	
ZD_2	2.246		1.521	517.386	515.140	
…	…	…	…	…	…	
K1+240		2.32			523.06	
BM_2			0.606		524.782	

复核

限差:$|\Delta h_{基} - \Delta h_{中}| = \pm 50\sqrt{1.24}$ (mm) $= \pm 56$mm

计算值:$\Delta h_{基} - \Delta h_{中} = 524.824 - 524.782 = 42$ (mm) < 56mm

校核:$h_{BM_2} - h_{BM_1} = 524.782 - 512.314 = 12.468$ (mm)

$\sum a - \sum b = (2.191 + 3.162 + 2.246 + \cdots) - (1.006 + 1.521 + \cdots + 0.606) = 12.468$ (mm)

中平测量的精度要求,一般取测段高差 $\Delta h_\text{中}$ 与两端基平水准点高差 $\Delta h_\text{基}$ 之差的限差为 $\pm 50\sqrt{L}\text{mm}$(L 以 km 计)。在容许范围内,即可进行中桩地面高程的计算。否则,应查出原因给予纠正或重测。中桩地面高程复核之差不得超过 $\pm 10\text{cm}$。

中间点的地面高程以及前视点高程,一律按所属测站的视线高程进行计算。每一测站的计算公式如下:

$$\left.\begin{array}{l}视线高程 = 后视点高程 + 后视读数 \\ 中桩高程 = 视线高程 - 中视读数 \\ 转点高程 = 视线高程 - 前视读数\end{array}\right\} \quad (3\text{-}1)$$

2)用全站仪进行中平测量

全站仪由于具有直接测算导线点三维坐标和高程测量的功能,所以在公路中线测量时,可同时进行中平测量,以获得公路中线上各中桩点的高程。

在用全站仪进行中线测量时,一般是在任意控制点安置全站仪,利用全站仪本身具有的三维坐标功能采用极坐标或切线支距法放样各中桩点。因此,在中线测量的同时,利用全站仪本身具有的高程测量功能和已知控制点的高程,可直接测得各中桩点的高程。

在实际测量中,只需在安置全站仪后,将置仪点的地面高程 H、仪器高 i、棱镜高 l 直接输入全站仪,在中桩放样完成的同时,就可直接从显示屏中读取中桩点的高程。高程测量的数据也可存入仪器并在需要时调入计算机处理。

在利用全站仪测设路线中线的同时进行中平测量,如果全站仪竖直角观测精度不大于 $2''$,测距精度不低于 $(5 + 5 \times 10^{-6}D)\text{mm}$(其中,$D$ 表示距离,单位为 km),边长不超过 2km,观测时采用对向观测,测定高程的精度可达到四等水准的限差要求。

注意:为防止在观测过程中由于置仪点与后视点(高程已知点)高差及转点高程观测错误而造成中桩高程观测错误,两已知高程控制点间的中桩高程观测完成后,应对下一已知高程控制点进行高程观测检核,其闭合差应符合中平测量的精度要求。

任务二 公路纵断面技术指标的认识

学习目标

(1)明确汽车行驶的充要条件。
(2)掌握纵断面技术指标类型。
(3)能够运用《标准》,判断设计文件中技术指标运用是否合理。

任务描述

纵断面纵坡大小主要取决于汽车行驶对纵坡的要求。不同的公路等级、不同的地形、不同的海拔对汽车行驶的安全性、经济性产生不同的影响。本任务通过图片或视频展示汽车在不同外界自然条件下的行驶状况,引导学生理解汽车行驶的条件,理解《标准》对纵断面各技术指标的相关规定,并结合施工图设计文件理解各技术指标在路线设计过程中的实际应用。

相关知识

一、汽车行驶的条件

1. 汽车行驶的充要条件

汽车行驶的牵引力来源于汽车的发动机,发动机将燃料燃烧所放出的热能转化为机械能;汽车行驶中的阻力有的来自汽车周围的空气介质,有的来自汽车行驶的路面,有的来自汽车上下坡行驶,也有的来自汽车加减速行驶,这些阻力分别称为空气阻力、滚动阻力、坡度阻力和惯性阻力。保证汽车正常行驶的必要条件是,牵引力必须大于或等于各项阻力之和。汽车行驶的必要条件只有在驱动轮与路面之间不发生打滑现象时才有效。如果驱动轮与路面之间的附着力不够大,车轮将会在路面上打滑空转而不能行进。因此,汽车行驶除受牵引条件制约外,还受轮胎与路面之间的附着条件制约。即汽车的牵引力必须小于或等于轮胎与路面之间的附着力,这是汽车行驶的充分条件,即牵引力必须小于或等于轮胎与路面之间的附着力。

由上可知,汽车行驶的充要条件为:

$$各阻力之和 \leqslant 牵引力 \leqslant 轮胎与路面之间的附着力$$

根据以上汽车行驶的两个条件,在公路设计工作中对路面提出两点要求:一是要求路面平整坚实,以尽量减小路面的滚动阻力;二是要求路面粗糙,以增大附着力。

2. 汽车行驶对公路纵坡的要求

从汽车的动力特性可知,汽车使用低挡的行程时间越长或换挡次数频繁,会延长行程时间,增加汽车燃料消耗和机件磨损。此外,公路纵坡对车速的影响极大,纵坡越陡,需要的动力因素越大,从而导致采用的挡位越低,行驶速度越慢。为了使汽车能保持较高的车速行驶,少用低挡和减少换挡次数,对道路纵坡提出如下要求:

(1)纵坡度力求平缓。

(2)陡坡宜短,长陡坡的纵坡度应加以严格限制。

(2)纵坡度变化不宜太多,尤其应避免急剧的起伏变化,力求纵坡均匀。

二、技术指标

1. 坡度限制

1)最大纵坡

最大纵坡是指各级公路容许采用的最大坡度值,是公路纵断面设计的重要控制指标。在山岭地区,最大纵坡的大小将直接影响路线的长度、使用质量、运输成本和工程造价。

汽车沿陡坡行驶时,因爬坡增加了坡度阻力,从而降低车速,若长时间爬陡坡,会引起汽车冷却液沸腾进而熄火。下坡时,制动次数增加,制动器易发热而失效,使得驾驶员心理紧张,也容易造成车祸。因此,从安全角度考虑,对最大纵坡必须加以限制。

(1)确定最大纵坡应考虑的因素

汽车的动力特性:要根据公路上行驶的车辆,按汽车行驶的充要条件确定。

公路等级:公路等级越高,要求行车速度越快,但从汽车的动力特性可知其爬坡能力越低,因此不同等级的公路有不同的最大纵坡值。

自然因素：公路所经地区的地形、气候、海拔、气温、雨量等自然因素，对汽车行驶条件和爬坡能力均有很大的影响。

（2）最大纵坡的规定

公路最大纵坡应依据汽车的动力特性、公路等级、自然条件等因素，通过综合分析研究确定，并应考虑车辆行驶安全及工程和运营经济等因素。不同设计速度的最大纵坡规定见表3-2。

公路最大纵坡 表3-2

设计速度(km/h)	120	100	80	60	40	30	20
最大纵坡(%)	3	4	5	6	7	8	9

①设计速度为120km/h、100km/h、80km/h的高速公路，受地形条件或其他特殊情况限制时，经技术经济论证，最大纵坡可增加1个百分点。

②设计速度为40km/h、30km/h、20km/h的公路，改建工程利用原有公路的路段，经技术经济论证，最大纵坡可增加1个百分点。

③四级公路位于海拔2000m以上或积雪冰冻地区的路段，最大纵坡不应大于8%。

（3）纵坡折减

①高原地区纵坡折减。在高原地区宜采取措施使汽油充分燃烧，避免随海拔增高而使车辆功率降低过大，道路纵坡设计中宜采用较小的最大纵坡。设计速度小于或等于80km/h且位于海拔3000m以上的高原地区公路，最大纵坡应按表3-3的规定予以折减。最大纵坡折减后若小于4%，则仍采用4%。

高原纵坡折减 表3-3

海拔(m)	3000~4000	4000~5000	5000以上
纵坡折减(%)	1	2	3

②桥梁、隧道纵坡折减。大、中桥上的纵坡不宜大于4%，桥头引道纵坡不大于5%；位于城镇混合交通繁忙处的桥梁，桥上及桥头引道纵坡均不应大于3%；紧接大、中桥桥头两端的桥头引道纵坡应与桥上纵坡一致。小桥涵纵坡应随从路线纵坡设计。

隧道内的纵坡应大于0.3%且不小于3%，但短于100m的隧道不受此限制；高速公路、一级公路中、短隧道最大纵坡，当受地形条件或其他特殊情况限制时，经技术经济论证合理，最大纵坡可适当增加，但不宜大于4%。

2）最小纵坡

在长路堑、低填以及其他横向排水不畅通地段，应设置不小于0.3%的最小纵坡，一般情况下宜不小于0.5%，若条件受限，平坡或纵坡必须设为小于0.3%时，边沟应作纵向排水设计；在弯道超高横坡渐变段上，设计最小纵坡不宜小于0.3%；在干旱地区及横向排水良好，不产生路面积水的路段，设计时可不考虑最小纵坡的限制。

2. 坡长限制

1）最小坡长限制

最小坡长的限制是从汽车行驶平顺性、乘客的舒适性、纵面视距和相邻两竖曲线的布置等方面考虑的。如果坡长过短，转坡过多，使纵坡线形呈锯齿形状，对路容也不美观；此外，当相邻坡段的纵坡相差较大，而坡长又较短时，汽车运行中换挡频繁，会增加驾驶员的操作劳动强度。因此，纵坡的坡长应有一定的最短长度。

综合考虑设计速度和地形条件等情况,规定了最小坡长,见表3-4。

最小坡长　　　　　　　表3-4

设计车速(km/h)	120	100	80	60	40	30	20
最小坡长(m)	300	250	200	150	120	100	60

2) 最大坡长限制

公路纵坡的大小及其坡长对汽车的行驶影响很大,特别是长距离的陡坡对汽车行驶非常不利。根据汽车的动力性能可知,当纵坡的坡段太长,汽车因克服行驶阻力而使行驶速度显著降低,又易使冷却液沸腾,导致汽车爬坡无力,甚至熄火;下坡时制动次数增加易使制动器发热而失效,造成车祸。因此,纵坡越陡,坡长越长,对行车的影响越大。《规范》规定,各级公路不同纵坡时的最大坡长可按表3-5选用。长大竖曲线的坡长计算可考虑竖曲线的折减。

各级公路纵坡长度限制(单位:m)　　　　　　　表3-5

纵坡坡度(%)	设计车速(km/h)						
	120	100	80	60	40	30	20
3	900	1000	1100	1200	—	—	—
4	700	800	900	1000	1100	1100	1 200
5	—	600	700	800	900	900	1 000
6	—	—	500	600	700	700	800
7	—	—	—	—	500	500	600
8	—	—	—	—	300	300	400
9	—	—	—	—	—	200	300
10	—	—	—	—	—	—	200

3. 缓和坡段

各级公路的连续上坡路段,应根据载重汽车上坡时的速度折减变化,在不大于表3-5规定的纵坡长度之间设置缓和坡段。其设置应符合下列规定:

(1) 设计速度小于或等于80km/h时,缓和坡段的纵坡应不大于3%;设计速度大于80km/h时,缓和坡段的纵坡应不大于2.5%。

(2) 缓和坡段的长度应不大于表3-5的规定。

4. 长陡坡平均坡度和坡长限制

高速公路、一级公路连续长、陡下坡路段的平均坡度和连续坡长不宜超过表3-6的规定;超过时,应进行交通安全性评价,提出路段速度控制和通行管理方案,完善交通工程和安全设施,并论证增设货车强制停车区。

连续长、陡下坡的平均坡度与连续坡长　　　　　　　表3-6

平均速度(%)	<2.5	2.5	3.0	3.5	4.0	4.5	5.0	5.5	6.0
连续坡长(km)	不限	20.0	14.8	9.3	6.8	5.4	4.4	3.8	3.3
相对高差(m)	不限	500	450	330	270	240	220	210	200

公路纵坡设计时,当连续陡坡由几个不同坡度值的坡段组合而成时,相邻坡段长度应按限制的规定进行坡长折算。例如:某山岭区三级公路,设计速度为30km/h,第一坡段纵坡为8.0%,长

度为 120m,即占坡长限制值的 2/5,若相邻坡段的纵坡为 7.0%,长度为 100m,即占坡长限制值的 1/5,若第三段采用坡度为 5% 的坡度,则其坡长不应超过 900×(1−2/5−1/5)=360m,此时坡长限制值已用完。在使用坡长限制的纵坡时,坡长只能小于或等于 100% 的坡长限制值,一般情况下,应留有一定的余地。

5. 平均纵坡

平均纵坡是指一定长度路段的高差与水平距离之比,以百分率表示。它是衡量纵断面线形设计质量的一个重要指标。

在山区越岭线纵坡设计中,有时虽然公路纵坡的设计完全符合最大纵坡、坡长限制和缓和坡段的规定,但也不一定能保证使用质量。如果在长距离内,平均纵坡较大,汽车上坡用低挡位时间较长,发动机长时间发热,易导致冷却液沸腾、气阻;同时,下坡制动频繁,易失灵,相当危险。因此,有必要从行车顺利和安全方面考虑来控制设计纵坡的平均值。

《规范》规定,为了合理运用最大纵坡、坡长和缓和坡段,以利汽车安全顺利行驶,二、三、四级公路越岭线连续上坡或下坡路段,相对高差为 200~500m 时,平均纵坡不应大于 5.5%;相对高差大于 500m 时,平均纵坡不应大于 5%,且任意相连 3km 路段的平均纵坡不应大于 5.5%。平均纵坡的计算公式为:

$$i_p = \frac{H}{L} \times 100\% \tag{3-2}$$

式中:i_p——平均纵坡,%;

　　L——路线长度,m;

　　H——路线长度 L 两端的高差,m。

6. 合成坡度

1) 合成坡度的计算

公路在平曲线地段,若纵向有纵坡,横向又有超高时,则最大坡度即不在纵坡上,也不在横向超高上,而是在纵坡和超高的合成方向上,这个最大的坡度称之为合成坡度,又称流水线坡度,如图 3-3 所示。合成坡度的计算公式为:

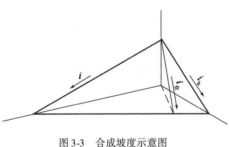

图 3-3 合成坡度示意图

$$i_合 = \sqrt{i^2 + i_h^2} \tag{3-3}$$

式中:$i_合$——合成坡度,%;

　　i——路线纵坡度,%;

　　i_h——超高横坡度或路面横坡度,%。

汽车在有合成坡度的路段行驶时,如果合成坡度过大,尤其是平曲线拐弯处,由于离心力的作用,可能引起汽车向合成坡度方向侧向滑移和倾斜,甚至倾倒,给汽车行驶带来危险。因此,《规范》规定各级公路的最大容许合成坡度值见表 3-7。

公路最大合成坡度 表 3-7

公路等级	高速公路、一级公路				二、三、四级公路				
设计车速(km/h)	120	100	80	60	80	60	40	30	20
合成坡度(%)	10.0	10.0	10.5	10.5	9.0	9.5	10.0	10.0	10.0

最大合成坡度是控制极限值,一般情况下应留有余地。在纵断面设计纵坡时,纵坡的确定必须考虑满足合成坡度的要求。

2)合成坡度的折减

当陡坡与小半径的平曲线相重叠时,在条件许可的情况下,宜采用较小的合成坡度。特别是在下述情况时合成坡度应小于8%:

(1)冬季路面有积雪、结冰地区。

(2)自然横坡较陡峻的傍山路段。

(3)非交通比例高的路段。

各级公路最小合成坡度不宜小于0.5%。在超高过渡的变化处,合成坡度不应设计为0;当合成坡度小于0.5%时,应采取综合排水措施,保证公路排水畅通。

任务三 竖曲线设计计算

学习目标

(1)明确竖曲线几何形式及竖曲线的分类。

(2)理解凸凹竖曲线半径相关规定。

(3)掌握竖曲线要素、起终点里程桩号的计算、设计高程的计算。

任务描述

为了保证车辆在变坡处行车平顺,满足路容要求、视距要求,在变坡点处需要设置竖曲线。而由于相邻两坡度的大小不同,竖曲线会存在凸凹之分。本任务通过公路图片或视频引导学生分析纵断面竖曲线的类型及凸凹竖曲线最小半径的区别,并能够进行竖曲线上任意桩号的设计高程的计算。

相关知识

一、竖曲线概念及类型

1. 设置竖曲线的意义

纵断面上两条坡段的转折处,为了行车平顺用一段曲线来缓和,这段曲线称为竖曲线。设置竖曲线的意义主要有以下几点:

(1)视距要求。主要解决凸形曲线处视距不良的问题。

(2)行车平顺要求。主要解决变坡点处用曲线圆滑连接的问题。

(3)路容美观要求。使路容不产生突变点,以达到和缓、平顺、逐渐的过渡。

2. 竖曲线几何形式

主要有圆曲线或二次抛物线两种。但在设计和计算上抛物线更为方便,故一般采用二次抛物线的形式。

3. 竖曲线类型

竖曲线一般分为凸形竖曲线和凹形竖曲线两类,如图 3-4 所示。

凸形竖曲线和凹形竖曲线的判别如图 3-5 所示。

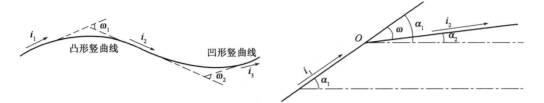

图 3-4　竖曲线类型　　　　　　　　图 3-5　竖曲线类型判别

转坡角 $\omega = \alpha_1 - \alpha_2$,因为 α_1 和 α_2 很小,所以 $\alpha_1 \approx \tan\alpha_1 = i_1$,$\alpha_2 \approx \tan\alpha_2 = i_2$,故 $\omega = i_1 - i_2$。

注意:纵坡 i 上坡时取"+",下坡时取"-"。当 ω 为"+"时,为凸形竖曲线;当 ω 为"-"时,为凹形竖曲线。

纵坡设计时,由于纵断面图上只反映水平距离和竖直高度,因此竖曲线的切线长与弧长是其在水平面上的投影,切线支距是竖直的高程差,相邻两条纵坡线相交角用转坡角表示。

二、竖曲线要素计算

取 XOY 坐标系,如图 3-6 所示,设变坡点相邻至坡段坡度分别为 i_1 和 i_2,它们的代数差用 ω 表示,即变坡角为 $\omega = i_1 - i_2$。

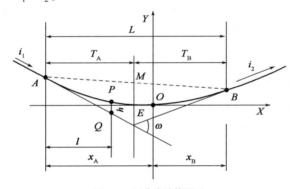

图 3-6　竖曲线计算图示

《标准》规定竖曲线采用二次抛物线,二次抛物线的基本方程为 $x^2 = 2py$。在竖曲线设计中,把原点处的曲率半径 p 称为竖曲线半径,用 R 表示,即

$$y = \frac{x^2}{2R} \tag{3-4}$$

1. 切线上任意一点 Q 与竖曲线间的竖向距离 h

由图 3-6 可知,$PQ = h$,则

$$h = y_P - y_Q \tag{3-5}$$

由式(3-4)可知,曲线上相应于 Q 的一点 P 的纵坐标为 $y_P = \frac{(x_A - l)^2}{2R}$,且线上 Q 点的纵坐标为 $y_Q = y_A - l \cdot i_1$。

故
$$h = y_P - y_Q = \frac{(x_A - l)^2}{2R} - (y_A - l \cdot i_1)$$
$$= \frac{1}{2R}(x_A^2 - 2x_A \cdot l - l^2) - (y_A - l \cdot i_1)$$

而 y_A 由式(3-4)可得：
$$y_A = \frac{x_A^2}{2R}$$

又因
$$i = \frac{dy}{dx} = \frac{x}{R} \tag{3-6}$$

所以
$$i_1 = \frac{x_A}{R}$$

则
$$h = \frac{l^2}{2R} \tag{3-7}$$

式中：h——切线上任意一点至竖曲线上的竖向距离(简称竖距)，m；

　　　l——竖曲线任意一点至竖曲线起点或终点的距离，m；

　　　R——二次抛物线的参数(原点曲率半径)，通常称为竖曲线半径，m；

　　　i——切线的斜率，即纵坡度，%。

2. 曲线长 L

竖曲线的长度 L 可近似地看成 $L \approx AB = x_B - x_A$，由式(3-6)可知：
$$x_B = R \cdot i_2, x_A = R \cdot i_1$$

故
$$L = R \cdot i_2 - R \cdot i_1 = R(i_2 - i_1)$$

而
$$i_2 - i_1 = \omega$$

所以
$$L = R \cdot \omega \tag{3-8}$$

3. 切线长 T

因 ω 很小，所以竖曲线的切线长 $T \approx T_A \approx T_B \approx L/2$，则
$$T = T_A = T_B = \frac{L}{2} = \frac{R \cdot \omega}{2} \tag{3-9}$$

4. 外距 E

由式(3-7)和 $l \approx T$ 可知竖曲线的外距 E 为：
$$E = \frac{T_A^2}{2R} = \frac{T_B^2}{2R}$$

所以

$$E = \frac{T^2}{2R} \tag{3-10}$$

综上所述,竖曲线的要素计算公式为:

$$\left.\begin{aligned} L &= R \cdot \omega \\ T &= T_A = T_B = \frac{L}{2} = \frac{R \cdot \omega}{2} \\ E &= \frac{T^2}{2R} \\ h &= \frac{l^2}{2R} \end{aligned}\right\} \tag{3-11}$$

三、竖曲线最小半径

1. 竖曲线最小半径考虑因素

在纵断面设计中竖曲线的设计要受众多因素的限制,其中有三个限制因素决定着竖曲线的半径和最小长度。

1) 缓和冲击力

汽车行驶在竖曲线上时,产生径向离心力。这个力在凹形竖曲线上是增重状态,在凸形竖曲线上是减重状态,这种增重与减重达到某种程度时乘客会有不舒适的感觉,同时也会影响到汽车的悬挂系统,所以在确定竖曲线半径时,应对离心力加以控制。

2) 行经时间不宜过短,保证乘客舒适性

当竖曲线两端直线坡段的坡度差很小时,即使竖曲线半径较大,竖曲线长度也有可能较短,此时汽车在竖曲线段忽倏而过,冲击力增大,乘客不适;从视觉上考虑驾驶员也会感到线形突然转折。因此,汽车在竖曲线上行驶的时间不能太短,通常控制汽车在竖曲线上的行驶时间不得小于3s。

3) 满足视距的要求,保证行车安全

汽车行驶在凸形竖曲线上,如果竖曲线半径太小,会阻挡驾驶员的视线;若为凹形竖曲线,同样存在视距问题。对地形起伏较大地区的路段,在夜间行车时,若半径过小,前灯照射距离过短,影响行车安全和速度;在高速公路及城市道路上有许多跨线桥、门式交通标志及广告宣传牌等,如果它们正好处在凹形竖曲线上方,也会影响驾驶员的视线。因此,为了保证行车安全,对竖曲线的最小半径和最小长度应加以限制。

2. 竖曲线半径的确定

根据缓和冲击力、行经时间及视距要求,可计算出各设计速度时曲线的最小半径和最小长度。《标准》规定的凸凹形竖曲线的最小半径不同。其主要原因是,凸形竖曲线主要考虑的是视距问题,凹形竖曲线主要考虑的是离心力问题。与平曲线相似,当转坡角较小时,即使采用较大的竖曲线半径,竖曲线的长度也很短,这样使得驾驶员视觉上产生急促的感觉,同时竖曲线长度过短,易对行车造成冲击。我国按照汽车在竖曲线上以设计速度行驶3s的行程时间控制竖曲线最小长度。《规范》规定的各级公路的竖曲线最小长度和最小半径见表3-8。在竖曲线设计时,不仅要保证竖曲线半径要求,还必须满足竖曲线最小长度的规定。

竖曲线最小半径和竖曲线长度 表3-8

设计速度(km/h)		120	100	80	60	40	30	20
凸形竖曲线半径(m)	极限值	11000	6500	3000	1400	450	250	100
	一般值	17000	10000	4500	2000	700	400	200
凹形竖曲线半径(m)	极限值	4000	3000	2000	1000	450	250	100
	一般值	6000	4500	3000	1500	700	400	200
竖曲线最小长度(m)	极限值	100	85	70	50	35	25	20
	一般值	250	210	170	123	90	60	50

3. 竖曲线设计与计算

1)竖曲线设计

(1)设计速度大于或等于60km/h的公路,竖曲线设计宜采用长的竖曲线和长直线坡段的组合。有条件时最好采用不小于表3-9视觉所需要的竖曲线半径值。

视觉所需的竖曲线最小半径 表3-9

设计速度(km/h)	竖曲线半径(m)		设计速度(km/h)	竖曲线半径(m)	
	凸形	凹形		凸形	凹形
120	20000	12000	80	12000	8000
100	16000	10000	60	9000	6000

(2)竖曲线应选用较大的半径,当条件受限时,宜采用大于或接近于表3-8中竖曲线最小半径的"一般值",尽量不采用竖曲线最小半径的"极限值"。

相邻竖曲线衔接时应注意:

①同向竖曲线之间,特别是同向凹形竖曲线之间,如果直线坡段不长,应合并为单曲线或复曲线,以避免出现断背曲线,如图3-7a)所示。

②反向竖曲线之间,为使汽车的增重与失重之间有一过渡段,应尽量在中间设置一段直线坡段,以利汽车行驶的过渡。直线坡段的长度一般以不小于3.0s的行程时间为宜,当半径较大时,也可直接连接。如图3-7b)所示。

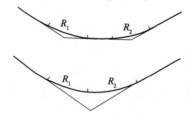
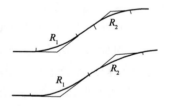

a)同向凹形曲线合并成单曲线　　　b)反向竖曲线径直连接

图3-7 相邻竖曲线衔接

③相邻纵坡之差很小时,采用大半径竖曲线如果导致竖曲线上的纵坡小于0.3%,不利于排水,应做专门的排水设计。

2)竖曲线计算步骤

(1)计算出竖曲线的基本要素:竖曲线长 L、切线长 T、外距 E。

(2)计算竖曲线起、终点桩号。

$$竖曲线起点桩号 = 变坡点桩号 - T$$
$$竖曲线终点桩号 = 变坡点桩号 + T$$

(3) 计算竖曲线上任意点切线高程及竖距。

$$切线高程 = 变坡点高程 \pm (T-l) \cdot i$$

$$竖距\ h = \frac{l^2}{2R}$$

(4) 计算竖曲线上任意点设计高程。

凸形竖曲线：　　某桩号的路基设计高程 = 该桩号的切线高程 – h
凹形竖曲线：　　某桩号的路基设计高程 = 该桩号的切线高程 + h

【工程实例3-1】某山岭区二级公路，变坡点桩号为K2+300.00，高程为505.50m，前坡为上坡，$i_1 = +4\%$，后坡为下坡，$i_2 = -4\%$，竖曲线半径 $R = 3000$m。试计算竖曲线要素以及桩号为K2+250.00和K2+330.00处的设计高程，如图3-8所示。

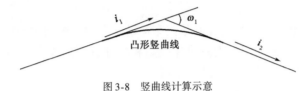

图3-8　竖曲线计算示意

解：1. 计算竖曲线要素

$$\omega = i_1 - i_2 = 4\% - (-4\%) = 0.08 > 0$$

所以该竖曲线为凸形竖曲线。

曲线长：$L = R\omega = 3000 \times 0.08 = 240\,(\text{m})$

切线长：$T = L/2 = 240/2 = 120\,(\text{m})$

外距：$E = \dfrac{T^2}{2R} = \dfrac{120^2}{2 \times 3000} = 2.4\,(\text{m})$

2. 竖曲线起、终点桩号

　　　竖曲线起点桩号 = (K2+300.00) – 120 = K2+180.00
　　　竖曲线终点桩号 = (K2+300.00) + 120 = K3+420.00

3. K2+250.00、K3+330.00的切线高程和竖距

K2+250.00的切线高程 = 505.50 – (K2+300.00 – K2+250.00) × 4% = 503.50 (m)

$$K2+250.00\ 的竖距 = \frac{(K2+250 - K2+180)^2}{2 \times 3000} = 0.82\,(\text{m})$$

K2+330.00的切线高程 = 505.50 – (K2+330.00 – K2+300.00) × 4% = 504.30 (m)

$$K2+330.00\ 的竖距 = \frac{(K2+420 - K2+330)^2}{2 \times 3000} = 1.35\,(\text{m})$$

4. K2+250.00和K2+330.00的设计高程

　　　K2+250.00的设计高程 = 503.50 – 0.82 = 502.68 (m)
　　　K2+330.00的设计高程 = 504.30 – 1.35 = 502.95 (m)

任务四　公路平、纵面线形组合认知

学习目标

(1) 理解平纵组合的作用。

(2)掌握平纵组合的原则。
(3)明确平纵组合的方法。

任务描述

公路是一个三维带状体,要使其能够满足驾驶员视觉和心理方面的连续性、舒适性以及与周围环境相协调,保证汽车行驶的安全、舒适与经济,路线的平面和纵断面线形必须合理组合才可以满足上述要求。本任务主要通过公路实际路线不同组合状态下的使用状况,引导学生理解路线平、纵组合的重要性、组合的方法,并通过识读公路施工图设计文件理解平、纵组合在设计文件中的应用。

相关知识

公路平、纵面线形组合设计是指在满足汽车运动学和力学要求的前提下,结合地形、地物、景观、视觉和经济等,研究如何满足驾驶员在视觉和心理方面的连续性、舒适性以及与周围环境相协调,以保证汽车行驶的安全、舒适与经济。

一、平、纵线形组合原则

(1)应在视觉上能自然地诱导驾驶员的视线,并保持视觉的连续性。

(2)平面、纵断面线形的技术指标应大小均衡,避免出现平面高标准、纵断面低标准,或与此相反的情况,使线形在视觉上、心理上保持协调。

(3)选择组合得当的合成坡度,以利于路面排水和行车安全。

(4)平、纵面线形组合应注意与周围环境相配合,充分利用公路周围的地貌、地形、天然树林、建筑物等,尽量保持自然景观的连续,以消除景观单调感,使公路与自然融为一体。

二、组合方式

1.平曲线与竖曲线组合

(1)平曲线与竖曲线一般情况下应相互重合,且平曲线稍长于竖曲线,并将竖曲线的起、终点分别放在平曲线的两个缓和曲线的中间,这是平、纵面最好的组合,如图3-9a)所示。这种立体线形不仅能起到诱导视线的作用,而且可取得平顺和流畅的效果。若不能做到最好组合,竖曲线的起、终点应放到平曲线的缓和曲线上,竖曲线的中点与平曲线的中点间距应小于四分之一的平曲线长,见图3-9b)。当平、竖曲线半径较小时,其相对应程度较严格;随着平、竖曲线半径的同时增大,其对应程度可适当放宽;当平、竖曲线半径均较大时,可不严格相互对应。

(2)平曲线与竖曲线组合时几何要素要大体均衡、协调。如果其中一方大而平缓,则另一方也要与之相适应,不能变化过多。一个平曲线内含有两个以上的竖曲线或与此相反的情况,总给人一种不舒服的感觉,如图3-10b)所示。平、竖曲线半径大致均衡的参考值见表3-10。

(3)当平曲线和竖曲线的半径均较小时(一般指平曲线半径小于一般最小半径值),平曲线、竖曲线两者不宜重合。

(4)平曲线与竖曲线应避免组合

①避免凸形竖曲线、凹形竖曲线的顶部或底部插入平曲线;如果在凸形竖曲线的顶部设有小半径的平曲线,驾驶员须驶近坡顶才能发现平曲线,会导致制动并急转转向盘而易发行车危

险;在凹形竖曲线的底部设有小半径平曲线,会因汽车高速下坡时急转弯,同样可能发生行车危险。

②避免将凸形竖曲线的顶部或凹形竖曲线的底部设在 S 形平曲线的拐点处;凸形竖曲线的顶部,不得与反向平曲线的拐点重合,主要是因为这样的组合除存在上述所列情况外,还因组合后的扭曲使线形很不美观。凹形竖曲线的底部,不得与反向平曲线的拐点重合,主要是不利于路面排水。如图 3-11 所示。

③避免在一个平曲线内设置多个反复凹凸变化的竖曲线,主要是因为线性不美观,行车不舒适。如图 3-12 所示。

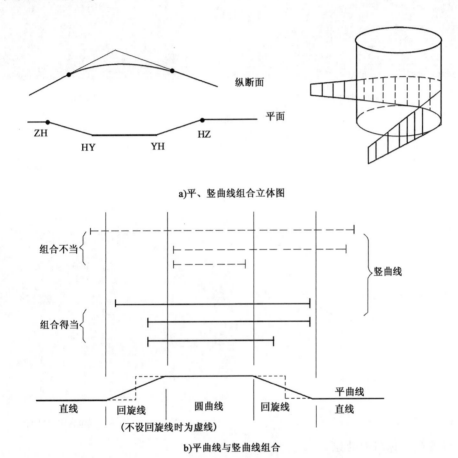

图 3-9　平、竖曲线组合(一)

平、竖曲线半径均衡表　　　　　表 3-10

平曲线半径(m)	竖曲线半径(m)	平曲线半径(m)	竖曲线半径(m)
500	10000	1100	30000
700	12000	1200	40000
800	16000	1500	60000
900	20000	2000	100000
1000	25000		

a)好的组合　　　　　　　　　　　　　b)不好的组合

图 3-10　平、竖曲线组合(二)

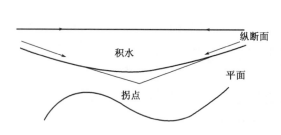

图 3-11　凹形竖曲线与平面上的拐点重合　　　图 3-12　一个平曲线包含多个竖曲线

2. 平面直线与纵断面的组合

平面的长直线与纵断面直坡段相配合,对双车道公路能提供超车方便,在平坦地区易与地形相适应,但行车单调,驾驶员易疲劳,从美学的观点上,平面的直线与一个大半径的凸形竖曲线配合较好,与一个凹形竖曲线相配合次之;在直线中较短距离内两次以上的变坡会形成反复凹凸的"驼峰"和"凹陷",使线形效果既不美观也不连续。

平面直线与纵断面组合时应注意:

(1)避免平面长直线与纵面长坡相组合,因为这样使得线形单调、枯燥,容易使驾驶员疲劳和超速行驶。

(2)避免平面直线上短距离内纵面多次变坡,因为这样会有隐蔽路段,同时影响夜间行车前灯照射距离。

(3)避免在平面直线段内插入短的竖曲线,因为这样要么视线不良,要么产生隐蔽路段。

(4) 避免在平面长直线上设置陡坡及长度短、半径小的凹形竖曲线,因为这样使得车辆上坡水箱沸腾以致熄火或下坡制动失效,视线中断。

(5) 避免在平面直线上的纵断面线形出现驼峰、暗凹、跳跃等使驾驶员视线中断的线形。

任务五　公路纵断面测设依据

(1) 明确纵断面设计成果的组成。
(2) 理解纵断面的绘制方法。
(3) 掌握路基设计表中数据间的关系。

公路纵断面的测设是依据纵断面设计文件中的设计成果进行的。本任务主要通过公路施工图设计文件,使学生理解纵断面图的绘制方法,看懂纵断面设计图所反映的纵断面线形,并掌握路基设计表中的数据关系,懂得施工放样时数据是如何应用的。

纵断面设计成果,主要包括路线纵断面图和路基设计表。其中纵断面设计图是公路设计的重要文件之一,它反映路线所经范围的中心地面起伏情况与设计纵坡之间的关系。把纵断面线形与平面线形组合起来,就能反映出公路线形空间位置。

一、纵断面图

纵断面图采用直角坐标,以横坐标表示里程桩号,纵坐标表示高程,为了清楚地反映公路中心线上地面的起伏情况,通常横坐标的比例尺采用1∶2000,纵坐标的比例尺采用1∶200。

纵断面图由两部分内容组成。图的上半部分主要是用来绘制地面线和纵坡设计线的,同时根据需要标注竖曲线位置及其要素;沿线桥涵及人工构造物的位置、结构类型、孔径与孔数;与公路、铁路交叉的桩号及路名;沿线跨越河流名称、桩号;现有水位及最高洪水位;水准点位置、编号和高程;断链桩位置、桩号及长短链关系等。图的下半部分主要是用来填写有关数据的,自下而上分别填写直线与平曲线、里程桩号、地面高程、设计高程、填挖高程、土壤地质说明等。

绘制的纵断面图,应按规定采用标准图纸和统一格式,以便装订成册,如图3-13所示。

二、路基设计表

路基设计表是公路设计文件的组成内容之一。表中填写路线平、纵面等主要测设与设计资料;里程桩号;填、挖宽度(包括加宽);超高值等有关内容,为公路横断面设计提供基本数据,同时也可作为路基施工的依据。路基设计表见表3-11(一般公路)、表3-12(高速公路)。

三、纵坡、竖曲线表

纵坡、竖曲线表是公路设计文件的组成内容之一,反映变坡点的位置、竖曲线要素、坡度、坡长及直坡段长度等,见表3-13。

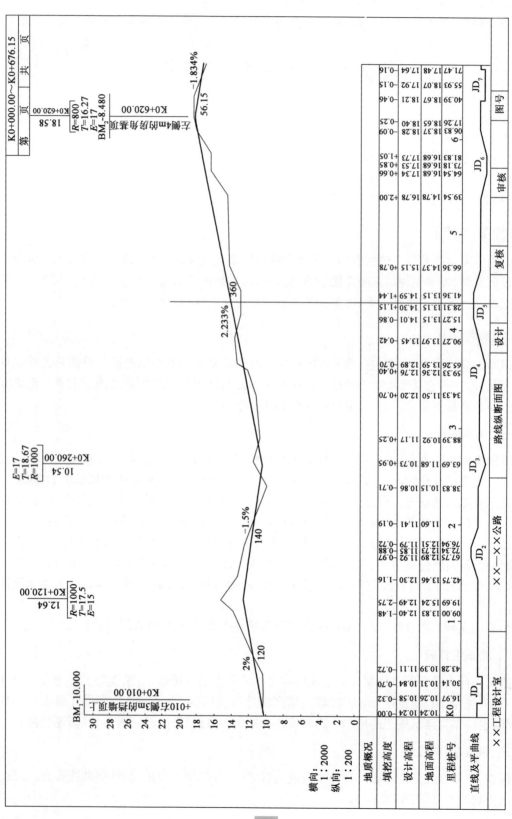

图3-13 纵断面设计图

表 3-11

× × 公路建设工程 路基设计表（一般公路） 第 62 页 共 72 页 SⅢ-2

桩号	平曲线		竖曲线		地面高程(m)	设计高程(m)	填挖高度(m)		路基宽度(m)					以下各点与设计高之差(m)					施工时中桩填挖高度(m)	
	左偏	右偏	凹形	凸形			填	挖	左侧			右侧		左侧		中桩	右侧		填	挖
									W_1	W_2	W_1	W_2	W_1	B_1	B_2	C	B_2	B_1		
K68+740.981	K68+741.836 (YH)		SZY K68+767.759 T=55.24 E=0.17 R=8000.00.00 L=-1.000%		65.324	65.925	0.591		0.75	3.50	3.50	0.75	-0.128	-0.105	0.000	0.105	0.128		
+760					65.055	65.735	0.680		0.75	3.50	3.50	0.75	-0.122	-0.089	0.000	0.089	0.108		
+780.981	K68+781.836 (YH)			SZY K68+722.250 40.00 65.135	64.630	65.536	0.906		0.75	3.50	3.50	0.75	-0.093	-0.071	0.000	0.071	0.086		
+800					64.540	65.400	0.860		0.75	3.50	3.50	0.75	-0.093	-0.070	0.000	0.070	0.085		
+830				K68+820	64.452	65.277	0.825		0.75	3.50	3.50	0.75	-0.093	-0.070	0.000	0.070	0.085		
+850.046	K68+918.208 (YH)		YZS K68+872.241		64.361	65.258	0.897		0.75	3.50	3.50	0.75	-0.093	-0.070	0.000	0.070	0.085		
+875					64.270	65.304	1.034		0.75	3.50	3.50	0.75	-0.093	-0.070	0.000	0.070	0.085		
+900					64.954	65.380	0.426		0.75	3.50	3.50	0.75	-0.093	-0.070	0.000	0.070	0.085		
+919.112					64.973	65.439	0.466		0.75	3.50	3.50	0.75	-0.093	-0.067	0.000	0.067	0.081		
+940	K68+958.208 (HZ)				64.851	65.503	0.612		0.75	3.50	3.52	0.75	-0.085	-0.064	0.000	-0.006	-0.012		
+959.112	K68+958.208 (GQ)			0.306%	64.358	65.561	1.203		0.75	3.50	4.09	0.75	0.083	0.069	0.000	-0.070	-0.093		
+980					64.901	65.625	0.724		0.75	3.50	4.64	0.75	0.238	0.196	0.000	-0.082	-0.104		
K69+000	JD84 I=77°40'52.8" R=67.00 L_s=35.00 L_s=35.84	K69+104.046 HY			66.300	65.686		1.214	0.75	3.50	5.00	0.75	0.340	0.280	0.000	-0.260	-0.302		1.214
+014.112					67.000	65.729		1.271	0.75	3.50	5.00	0.75	0.340	0.280	0.000	-0.400	-0.460		1.271
+031.501					66.200	65.783		0.417	0.75	3.50	5.00	0.75	0.340	0.280	0.000	-0.400	-0.460		0.417
+048.889	K69+104.046 (YH)				65.800	65.836	0.036		0.75	3.50	4.29	0.75	0.139	0.115	0.000	-0.141	-0.165	0.036	
+075	K69+104.046 (YH)				65.100	65.916	0.816		0.75	3.50	3.81	0.75	-1.060	-0.044	0.000	-0.072	-0.095	0.816	
+100					65.030	65.992	0.962		0.75	3.50	3.50	0.75	-0.098	-0.076	0.000	0.029	0.033	0.962	
+130	K69+159.046 (CQ)			66.175	65.060	66.033	0.973		0.75	3.50	3.50	0.75	-0.194	-0.164	0.000	0.140	0.170	0.973	
+160	K69+160		SYZ K69+107.349		64.900	65.899	0.999		0.75	3.78	3.50	0.75	-0.194	-0.164	0.000	0.140	0.170	0.999	
+190			SYZ K69+212.651 T=52.24 E=0.28 R=5000.00.00 -1.800%		64.520	65.899	0.999		0.75	4.10	3.50	0.75	-0.194	-0.164	0.000	0.140	0.170	0.999	
+200	JD86 I=42°29'48.4" R=208.52 L_s=55.00 L_s=99.66	K69+258.706 HY		250.00	64.420	65.440	1.020		0.75	4.10	3.50	0.75	-0.194	-0.164	0.000	0.140	0.170	1.020	
+208.877					64.330	65.295	0.965		0.75	4.10	3.50	0.75	-0.194	-0.164	0.000	0.140	0.170	0.965	
+230					64.220	64.916	0.696		0.75	3.87	3.50	0.75	-0.194	-0.164	0.000	0.140	0.170	0.696	
+250					64.100	64.556	0.396		0.75	3.65	3.50	0.75	-0.100	-0.077	0.000	0.059	0.071	0.396	
+258.707					54.110	64.399	0.289		0.75	3.50	2.50	0.75	-0.095	-0.073	0.000	-0.018	-0.026	0.289	
+280					54.010	64.016	0.006		0.75	3.50	3.50	0.75	-0.093	-0.070	0.000	0.140	0.170	0.006	
+300		K69+313.706 (HZ)			63.940	63.656		0.284	0.75	3.50	3.50	0.75	-0.093	-0.070	0.000	-0.018	-0.026		0.284
+313.708					63.870	63.409		0.461	0.75	3.50	3.50	0.75	-0.093	-0.070	0.000	-0.093			0.461

编制： 复核：

路基设计表

表 3-12
第 4 页 共 6 页

××公路建设工程

桩号	平曲线		竖曲线			地面高程(m)	设计高程(m)	填挖高度(m)		路基宽度(m)							以下各点与设计高程之差(m)								坡口、坡脚至中桩距离(m)	
	左偏	右偏	凹形	凸形				填	挖	左侧			中分带	右侧			左侧				右侧				左侧	右侧
										W_1	W_2	W_3	W_0	W_3	W_2	W_1	A_1	A_2	A_3	A_3	A_2	A_1			
K2+004.798		K2+004.952 (HZ)				476.19	476.83	0.64		0.50	0.00	3.25	0.00	3.26	0.00	0.50	-0.08	-0.06	-0.07	-0.07	-0.07	-0.08	8.09	14.06
+025.798			478.25		4.7%	480.82	477.77		3.05	0.50	0.00	3.25	0.00	3.25	0.00	0.50	-0.08	-0.07	-0.07	-0.07	-0.07	-0.08	10.71	5.39
+045.798			K2+035			483.05	478.54		4.51	0.50	0.00	3.25	0.00	3.25	0.00	0.50	-0.08	-0.07	-0.07	-0.07	-0.07	-0.08	10.09	5.16
+068.798	K2+061.980 (ZH) K2+086.980 (HY) 1-485°55′50″ R=21.75 L₃=25.0 Lh=27.62					482.24	479.26		2.98	0.50	0.00	3.74	0.00	3.25	0.00	0.50	-0.43	-0.07	0.02	0.02	-0.07	0.01	8.99	14.35
+088.798	JD16					482.03	479.86		1.82	0.50	0.00	5.05	0.00	3.25	0.00	0.50	-0.43	-0.40	0.26	0.26	0.26	0.25	10.06	5.70
+108.798						482.03	480.46		1.57	0.50	0.00	5.05	0.00	3.25	0.00	0.50	-0.43	-0.40	-0.40	-0.40	0.26	0.25	9.81	5.57
+128.798						483.92	481.06		2.86	0.50	0.00	5.05	0.00	3.25	0.00	0.50	-0.30	-0.27	-0.40	-0.40	0.26	0.25	10.15	5.96
+148.798	K2+142.361(YH) K2+167.361 (GQ)					489.26	481.66		7.59	0.50	0.00	4.59	0.00	3.25	0.00	0.50	-0.00	0.01	-0.27	0.19	0.19	0.18	10.63	9.05
+168.798						492.50	482.26		10.24	0.50	0.00	3.25	0.00	3.29	0.00	0.50	0.15	0.17	0.01	-0.01	-0.01	-0.03	9.19	12.01
+188.798				483.35		493.07	482.96		10.11	0.50	0.00	3.25	0.00	3.85	0.00	0.50	0.18	0.20	0.17	-0.20	-0.20	-0.22	9.33	13.02
+208.798				K2+205		491.66	483.87		7.79	0.50	0.00	3.25	0.00	3.95	0.00	0.50	0.18	0.20	0.20	-0.24	-0.24	-0.26	7.41	12.92
+224.798						490.01	484.75		5.26	0.50	0.00	3.25	0.00	3.95	0.00	0.50	0.03	0.05	0.20	-0.24	-0.24	-0.26	6.39	11.10
+248.798	K2+254.721 (GQ)			QD K2+169.375 T=35.63 E=0.33	3%	493.84	486.30		7.54	0.50	0.00	3.42	0.00	3.42	0.00	0.50	-0.12	-0.10	0.05	0.09	0.09	-0.06	7.22	11.75
+268.798	K2+279.721 (HY)					495.65	487.65		8.00	0.50	0.00	3.59	0.00	3.25	0.00	0.50	-0.12	-0.19	-0.10	-0.19	0.16	0.08	7.69	12.76
+288.798	1-484°45′31″ R=115.61 L=131.26 Lh=42.985			ZD 240.625		494.03	489.00		5.02	0.50	0.00	3.85	0.00	3.25	0.00	0.50	-0.22	-0.19	-0.19	-0.19	0.16	0.15	6.93	11.97
+308.798						490.86	490.35	0.51		0.50	0.00	3.85	0.00	3.85	0.00	0.50	-0.22	-0.19	-0.19	-0.11	0.16	0.15	10.76	8.53
+328.798						491.47	491.70	0.24		0.50	0.00	3.69	0.00	3.42	0.00	0.50	0.13	-0.11	-0.11	-0.07	0.10	0.09	6.27	7.48
+349.798						498.52	493.12		5.40	0.50	0.00	3.33	0.00	3.25	0.00	0.50	-0.08	-0.07	-0.07	-0.04	-0.04	-0.05	8.00	10.00
+364.798	K2+367.985 (HZ)					500.19	494.13		6.05	0.50	0.00	3.95	0.00	3.95	0.00	0.50	-0.08	-0.07	-0.07	-0.07	-0.07	-0.08	7.98	11.08
+384.798						502.24	495.48		6.75	0.50	0.00	3.95	0.00	3.95	0.00	0.50	-0.08	-0.07	-0.07	-0.07	-0.07	-0.08	8.68	11.07
+404.798	K2+410.320 (ZH)					502.97	496.83		6.13	0.50	0.00	3.42	0.00	3.25	0.00	0.50	-0.08	-0.07	-0.07	0.04	0.04	0.02	7.86	9.52
+421.798	K2+435.32(XHY) JD20 1-425°00′5″ R=91.56 L=45.92					501.97	497.98		3.98	0.50	0.00	3.57	0.00	3.95	0.00	0.50	-0.22	-0.20	-0.20	0.16	0.16	0.15	7.11	8.86
+441.798						503.05	499.33		3.72	0.50	0.00	3.95	0.00	3.95	0.00	0.50	-0.22	-0.20	-0.20	0.16	0.16	0.15	7.30	11.39
+461.798	K2+478.239(YH)					505.10	500.68		4.42	0.50	0.00	3.95	0.00	3.85	0.00	0.50	-0.19	-0.17	-0.20	0.14	0.14	0.12	7.28	12.02
+481.798						504.28	502.03		2.25	0.50	0.00	3.40	0.00	3.25	0.00	0.50	-0.05	-0.04	-0.17	-0.04	-0.04	0.02	6.55	12.58
+497.798	K2+503.239 (GQ)				6.75%	505.37	503.11		2.26	0.50	0.00	3.25	0.00	3.25	0.00	0.50	0.06	0.07	-0.04	0.07	0.07	-0.09	5.41	11.74
+521.798	K2+528.239 (GY)					504.80	504.73	0.07		0.50	0.00	3.44	0.00	3.25	0.00	0.50	0.08	0.10	0.10	-0.11	-0.11	-0.12	13.24	10.31
+538.798	1-484°23′13″ R=23.23 L=32					508.89	505.88		3.014	0.50	0.00	3.65	0.00	3.65	0.00	0.50	0.08	0.10	0.10	-0.11	-0.11	-0.12	38.00	13.27
+558.798						512.32	507.23		5.09	0.50	0.00	3.65	0.00	3.65	0.00	0.50							6.20	15.08

编制： 复核： 审核：

××公路工程

纵坡、竖曲线表

表3-13
SⅡ-5　第1页　共1页

序号	桩号	高程(m)	竖曲线				起点桩号	终点桩号	纵坡(%)			变坡点间距(m)	直坡段长(m)	备注
			凸曲线半径R(m)	凹曲线半径R(m)	切线长T(m)	外距E(m)			+	-				
65	K27+150	548.9446	5029.2727		88.51519952	0.778933756	K27+061.485	K27+238.515		-		249.484005	
66	K27+560	546.8126		5000	72	0.5184	K27+488	K27+632	2.36	-0.52	410	53	
67	K27+790	552.2406	4000		105	1.378125	K27+685	K27+895		-2.89	230	51.15	
68	K28+020	545.5936	7000		73.85	0.38955875	K27+946.150	K28+093.850		-5	230	366.15	
69	K28+550	519.0936		9000	90	0.45	K28+460	K28+640		-3	530	68.5	
70	K28+830	510.6936		9000	121.5	0.820125	K28+708.500	K28+951.500	2.16	-0.3	280	290.1	
71	K29+340	509.1636		8000	98.4	0.60516	K29+241.600	K29+438.400	0.48775706		510	336.18178	
72	K29+900	521.2596	15000		125.41822	0.52432433	K29+774.582	K30+025.418			560	333.70378	
73	K30+359.122	523.499									459.122		

编制：　　　　　　　　　　　　　　　　　　　　　　　　　　　　　　　复核：

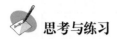思考与练习

一、思考题

1. 从汽车行驶的动力特性出发,对道路纵坡有何要求?
2. 道路纵坡设计中《标准》提出的技术指标有哪些?
3. 缓和坡段的作用是什么?
4. 相邻竖曲线在衔接时应注意哪些问题?
5. 凸形竖曲线和凹形竖曲线确定最小半径考虑的因素有哪些?

二、习题

某竖曲线半径 $R=3000\mathrm{m}$,其相邻坡段的纵坡度分别为 $i_1=3\%$,$i_2=1\%$,转坡点桩号为 K6+770,高程为 396.67m。

(1) 判别竖曲线的凸凹性,计算竖曲线的要素。

(2) 计算竖曲线的起终点桩号。

(3) 如果曲线上按整桩号法每隔 10m 设置一桩,请按表 3-14 完成竖曲线上各桩点的高程计算。

竖曲线高程计算表　　　　　　　　　　　表 3-14

桩号	至曲线起、终点距离(m)	切线上的设计高程(m)	竖距(m)	竖曲线高程(m)

项目四 路基横断面测设

任务一 横断面的组成分析

学习目标

(1) 明确横断面图的组成。
(2) 掌握横断面设计线的组成部分及其作用。
(3) 理解《标准》对横断面各组成部分尺寸的规定。

任务描述

公路的平面、纵面、横断面是公路线形的主要组成部分。横断面反映的是每一个断面的填挖情况。由于每个横断面所经过的地形、地质以及设计高程等不尽相同,故横断面的形式和组成也不完全相同。本任务通过公路施工图横断面设计成果,引导学生讨论横断面设计线的组成,并分析不同公路等级、不同地面情况,合理地确定各横断面的类型及其设计线的组成。

相关知识

公路横断面是指中线上各点沿法向的垂直剖面,它是由横断面设计线与横断面地面线所围成的图形。其中横断面设计线是根据《标准》确定的不同构成部分及其宽度和横坡度组成的规则线。横断面上设计线组成包括:行车道、路肩、边坡、边沟、截水沟、护坡道以及专门设计的取土坑、弃土堆等环境保护设施,各部分的位置名称见图4-1。高速公路、一级公路还包括中间带、爬坡车道、紧急停车带、变速车道等。横断面图中的地面线是表征地面起伏变化的线,它是经过现场实测或由大比例尺地形图、航测相片、数字地面模型等途径获得的。

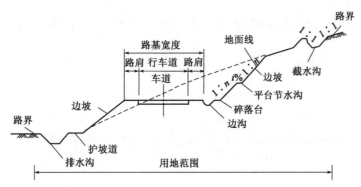

图4-1 路基横断面各组成部分

一、公路路基横断面组成

1. 公路路基横断面的组成

（1）高速公路、一级公路的路基标准横断面分为整体式和分离式两种。整体式路基的标准横断面应由车道、中间带（中央分隔带、左侧路缘带）、路肩（右侧硬路肩、土路肩）等部分组成。分离式路基的标准横断面应由车道、路肩（右侧硬路肩、左侧硬路肩、土路肩）等部分组成。

（2）二级公路路基的标准横断面应由车道、路肩（硬路肩、土路肩）等部分组成。

（3）三级公路、四级公路路基的标准横断面应由车道、路肩等部分组成。

2. 公路路基横断面的形式

公路路基横断面的形式应根据公路功能、技术等级、交通量和地形条件确定。各级公路一般路基横断面形式示例如图4-2～图4-6所示，并符合下列规定：

（1）高速公路、一级公路应根据需要采用整体式或分离式路基横断面形式。

（2）双向十车道及以上车道数的高速公路可采用复合式断面形式。

（3）二级、三级、四级公路应采用整体式路基断面形式。

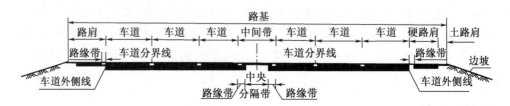

图4-2　高速公路、一级公路一般整体式断面形式

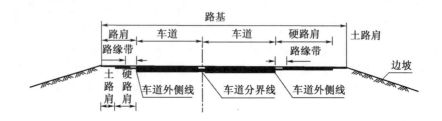

图4-3　高速公路、一级公路一般分离式断面形式（右幅断面）

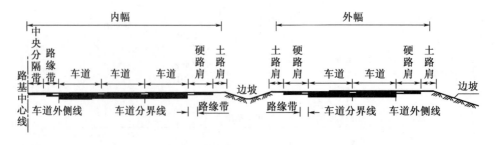

图4-4　高速公路分离复合式断面形式（右幅断面）

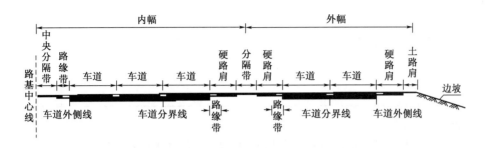

图 4-5 高速公路整体复合式断面形式(右幅断面)

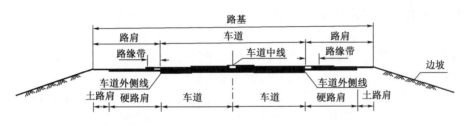

图 4-6 二、三、四级公路一般路基横断面形式

二、公路路基横断面各组成部分的作用及规定

1. 公路路基宽度

公路路基宽度是指在一个横断面上两路肩外缘之间的宽度。公路在直线段和小半径曲线段的路基宽度有所不同,在小半径曲线上,路基宽度还包括行车道加宽的宽度。

(1)当设有中间带、紧急停车带、爬坡车道、变速车道、错车道、超车道、侧分隔带、非机动车道(或慢车道)和人行道时,应包括上部分的宽度。

(2)非机动车、行人密集公路和城市出入口的公路,可根据需要设置侧分隔带、非机动车道和人行道。

(3)一级公路在慢行车辆较多时,可利用右侧硬路肩(宽度不足时应加宽)设置慢车道,并应在车道与慢车道之间设置隔离设施。

(4)二级公路在慢行车辆较多时,可根据需要采用加宽硬路肩的方式设置慢车道,并应增加必要的交通安全设施,加强交通组织管理。

2. 行车道宽度

行车道宽度是指在保证设计车速及公路通行能力的情况下安全行车所必须的宽度。《标准》规定的各级公路行车道宽度的尺寸见表 4-1。

行 车 道 宽 度　　　　表 4-1

设计速度(km/h)	120	100	80	60	40	30	20
车道宽度(m)	3.75	3.75	3.75	3.50	3.50	3.25	3.00

3. 中间带

高速公路和一级公路必须设置中间带,中间带由两条左侧路缘带(其宽度按表 4-2 设置)

和中央分隔带组成。

左侧路缘带宽度 表 4-2

设计速度(km/h)		120	100	80	60
左侧路缘带宽度(m)	一般值	0.75	0.75	0.50	0.50
	最小值	0.50	0.50	0.50	0.50

1)中间带的作用

(1)分离不同方向的交通流,减少车辆的迎面冲撞,引导驾驶员视线。
(2)防止无序的交叉运行和转弯运行。
(3)提供绿化带或为防眩设施、预埋构件提供设置场所。
(4)为超高路段设置路面排水设施提供场所,并为养护人员提供避车带。

2)中间带的宽度

中间带的作用明显,但投资、占地多。一般均采用窄分隔带高出行车道表面的中央分隔带,称为凸形,也有宽度大于4.5m的凹形,表面采用植草、栽灌木或铺面。

中间带可不等宽,也不一定等高,应与地形、景观等配合。不等宽的中间带应逐步过渡,避免突变。中央分隔带每隔不小于2km设置一处开口,中央分隔带开口长度不大于40m,八车道以上高速公路可适当增长,但不应大于50m,供紧急特殊情况使用。中间带宽度见表4-3,正常情况下采用一般值,当遇特殊情况时可以采用低限值。

中 间 带 宽 度 表 4-3

设计速度(km/h)		120	100	80	60
中央分隔带宽度(m)	一般值	3.00	2.00	2.00	2.00
	最小值	2.00	2.00	1.00	1.00
左侧路缘带宽度(m)	一般值	0.75	0.75	0.50	0.50
	最小值	0.75	0.50	0.50	0.50
中间带宽度(m)	一般值	4.50	3.50	3.00	3.00
	最小值	3.50	3.00	2.00	2.00

4.路肩

路肩位于行车道外缘至路基边缘之间,是具有一定宽度的带状结构物,高速公路和一级公路的路肩包括硬路肩和土路肩两部分,并应在硬路肩内设置右侧路缘带,其宽度为0.50m;二、三、四级公路的路肩一般只设土路肩。

1)路肩的主要作用

(1)由于路肩紧靠在路面的两侧设置,具有保护及支撑路面结构的作用。
(2)供发生故障的车辆临时停放之用,有利于防止交通事故和避免交通混乱。
(3)作为侧向余宽的一部分,能增进驾驶的安全和舒适感,这对保证设计车速是必要的,尤其在挖方路段,还可以增加弯道视距,减少行车事故。
(4)提供道路养护作业、埋设地下管线的场所。
(5)精心养护的路肩,能增加公路的美观。

2)路肩的宽度

《规范》规定的各级公路路肩宽度见表4-4。

各级公路路肩宽度   表4-4

公路技术等级(功能)		高 速 公 路			一级公路(干线功能)	
设计速度(km/h)		120	100	80	100	80
右侧硬路肩宽度(m)	一般值	3.00(2.50)	3.00(2.50)	3.00(2.50)	3.00(2.50)	3.00(2.50)
	最小值	1.50	1.50	1.50	1.50	1.50
土路肩宽度(m)	一般值	0.75	0.75	0.75	0.75	0.75
	最小值	0.75	0.75	0.75	0.75	0.75

公路技术等级(功能)		一级公路(集散功能)和二级公路		三级公路、四级公路		
设计速度(km/h)		80	60	40	30	20
右侧硬路肩宽度	一般值	1.50	0.75	—	—	—
	最小值	0.75	0.25	—	—	—
土路肩宽度(m)	一般值	0.75	0.75	0.75	0.50	0.25(双车道)0.50(单车道)
	最小值	0.50	0.50			

5. 变速车道

当车辆需要加速合流或减速分流时,应根据公路的等级、使用性质等增加一段用于车辆速度过渡的车道,使变速车辆不致因速度的变化而影响其他车辆的正常行驶,如图4-7所示。变速车道的宽度一般为3.5m。

6. 错车道

四级公路采用单车道4.5m的路基时,应设置错车道。设置错车道路段的路基宽度应不小于6.5m。错车道的尺寸规定见图4-8。

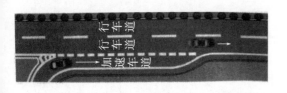

图4-7 变速车道

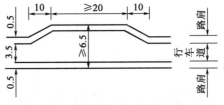

图4-8 错车道(尺寸单位:m)

7. 爬坡车道

在公路纵坡较大的路段,速度差较大的车辆混合行驶时宜在上坡方向行车道右侧设置爬坡车道。

1) 爬坡车道的设置条件

四车道高速公路、一级公路以及二级公路连续上坡路段,符合下列情况之一者应设置爬坡车道:

(1) 沿连续上坡方向载重汽车的运行速度降低到表4-5的容许最低速度以下时。

上坡方向容许最低速度   表4-5

设计速度(km/h)	120	100	80	60	40
容许最低速度(km/h)	60	55	50	40	25

(2)上坡路段的设计通行能力小于设计小时交通量时。

(3)经设置爬坡车道与改善主线纵坡不设爬坡车道技术经济比较论证,设置爬坡车道的效益费用比、行车安全性较优时。

2)爬坡车道的设置要求

(1)横断面组成。①爬坡车道设于上坡方向正线行车道右侧,见图4-9。爬坡车道的宽度为3.5m(包括设于其左侧路缘带的0.5m)。

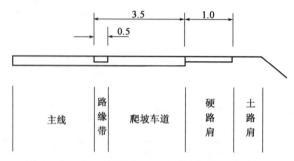

图4-9 爬坡车道横断面示意图(尺寸单位:m)

(2)爬坡车道的平面布置。爬坡车道总长度由分流渐变段长度、爬坡车道长度(含附加长度)和汇流渐变段长度组成,如图4-10所示。

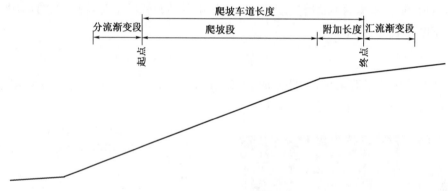

图4-10 爬坡车道的平面布置

①爬坡车道的起点,应设于陡坡路段上载重汽车运行速度低至表3-6中容许最低速度处。

②爬坡车道的终点,应设于载重汽车爬经陡坡路段后恢复至容许最低速度处。陡坡路段后延伸的附加长度规定见表4-6。

陡坡路段后延伸的附加长度　　　　表4-6

附加段的纵坡(%)	下坡	平坡	上坡			
			0.5	1.0	1.5	2.0
附加长度(m)	100	150	200	250	300	350

③爬坡车道起、终点处应设置分流、汇流渐变段,其长度规定见表4-7。

爬坡车道分流、汇流渐变段长度　　　　表4-7

公　路　等　级	分流渐变段长度(m)	汇流渐变段长度(m)
高速公路、一级公路	100	150~200
二级公路	50	90

④爬坡车道起、终点的位置应设在通视条件良好,容易辨认并与正线连接顺适处。

8. 避险车道

避险车道是在长陡坡路段正线行车道下坡方向右侧为失控车辆增设的专用车道。为防止车辆在连续长、陡下坡的行驶中因速度失控而发生交通事故,应考虑在山岭地区长、陡下坡路段的右侧山坡上的适当位置设置避险车道。避险车道为大上坡断头路,其位置如图4-11所示。

避险车道应设置在直线上,为保证车辆能够高速、安全地驶入,应保证入口前有足够的视距。避险车道从起点的0.1m厚,以30m的长度渐变至坡床集料总厚度(0.3~0.9m)。坡床集料可采用碎砾石、砾石、砂、豆砾石等松散材料。制动坡床的宽度不小于4.5m,服务道路的宽度不小于3.5m。救险锚栓的间隔不小于90m。强制减弱装置可采用砂袋或废轮胎堆砌,高度为1.2~1.5m。

图4-11 避险车道

9. 路拱及路拱横坡

为了利于路面横向排水,将路面做成由中央向两侧倾斜的拱形,称为路拱。其倾斜的大小称为路拱横坡,以百分率表示。

路拱对排水有利,但对行车不利。对路拱大小的采用及形状的设计应兼顾两方面的影响。对于不同类型的路面由于其表面的平整度和透水性不同,再考虑当地的自然条件,可选用不同的路拱坡度,具体规定值见表4-8。高速公路和一级公路由于其路面较宽,迅速排除路面降水尤为重要。所以当此种公路处于降雨强度较大的地区时应采用高值。分离式路基,每侧行车道可设置双向路拱,这样对排除路面积水有利。在降水量不大的地区也可采用单向横坡,并向路基外侧倾斜。但在积雪冻融地区,应设置双向路拱。

路 拱 横 坡 度   表4-8

路 面 类 型	路拱横坡度(%)	路 面 类 型	路拱横坡度(%)
混凝土路面、沥青混凝土路面	1.0~2.0	碎、砾石等粒料路面	2.5~3.5
其他黑色路面、整齐石块	1.5~2.5	低级路面	3.0~4.0
半整齐石块、不整齐石块	2.0~3.0		

路拱的形式有抛物线形、直线接抛物线形、折线形等,可根据路面宽度及路面类型确定具体的形式。低等级公路可采用抛物线形路拱,高等级公路一般采用直线接抛物线形路拱,多车道的水泥混凝土路面可采用折线形路拱。土路肩的排水性远低于路面,其横坡度较路面宜增大1.0%~2.0%。硬路肩视具体情况(材料、宽度)可与路面采用同一横坡,也可稍大于路面。

任务二 路基横断面形式

学习目标

(1)明确路基典型横断面形式有哪几种。

(2)掌握公路用地和建筑限界的相关规定。
(3)理解公路边坡大小的确定方法。
(4)明确《规范》对路基附属设施的相关规定。

任务描述

由于每个断面的地面高程、设计高程、地形、地质等不同,使得横断面有填方路堤、挖方路堑或半填半挖等断面形式,也使得每个断面的占地范围也不同。本任务要求学生结合施工图设计文件案例,认识路基横断面形式及影响边坡大小的因素,并明确公路用地范围及公路建筑限界的规定。

相关知识

一、典型的路基横断面

当路基的设计高程低于天然地面时需要开挖;当路基的设计高程高于天然地面时需要填筑。由于填挖情况的不同,典型的路基横断面形式可归纳为路堤、路堑、半填半挖三种,如图4-12所示。

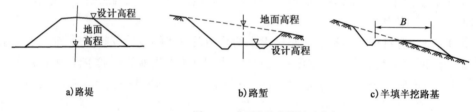

图4-12 典型的路基横断面形式

1.路堤

路堤是指高于原地面的填方路基。按路堤填土高度的不同可划分为矮路堤、一般路堤、高路堤。随路堤所处条件和加固类型的不同,还有沿河路堤、护脚路堤、挖渠填筑路堤等。常用的路堤形式如图4-13所示。

路基填土高度小于0.5m的路堤称为矮路堤,矮路堤必须在边坡坡脚处设计边沟。路基填土高度小于20m、大于0.5m的路堤称为一般路堤。浸水路堤为桥头引道、河滩路堤常采用的形式,路基的高度要考虑设计洪水位,路堤浸水部分的边坡,可采用1:2的坡度,并视水流情况采取加固措施,如植草、铺草皮、干砌或浆砌片石等。护脚路堤是当陡坡路基填方坡脚伸的较远且不稳定,或坡脚占用耕地时,采用的形式,护脚的尺寸要根据土压力的大小确定。挖渠填筑路堤是与当前农田水利建设相结合的常用形式,需综合考虑、慎重对待,尤其是渠道的设计流量、流速、水位、纵坡等是否危及公路正常使用,路堤的高度和加固措施是否满足路基强度和稳定性的要求等。

注意:当地面横坡度不陡于1:5时,可以直接填筑路基,地基可不予处理;当地面横坡度陡于1:5时,地基必须挖成台阶,台阶宽度不小于1m,台阶的底面应向内倾斜2%~4%,台阶的高度、填土时视分层填筑的高度而定,一般每层不大于0.5m;当地面横坡陡于1:2时,除地基应挖成台阶外,还应设置支挡工程。

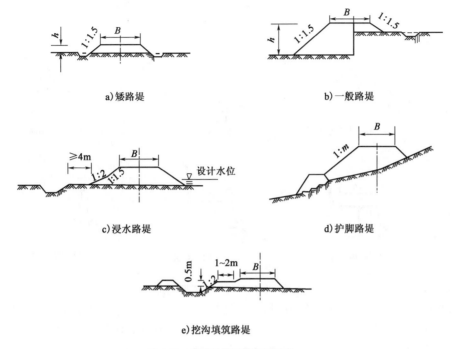

图 4-13 路堤的常用横断面形式

2. 路堑

路堑是指低于原地面的挖方路基。图 4-14 所示为路堑的几种常见形式,即全挖路堑、台口式路堑、半山洞路堑。

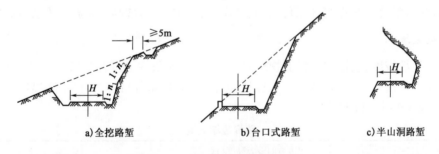

图 4-14 路堑的常见横断面形式

路基挖方深度小于 20m,一般地质条件下的路堑称为一般路堑。路堑路段均应设置边沟,边沟断面可根据土质情况采用梯形、矩形或三角形,内侧边坡可采用 1:0(矩形)、1:0~1:1.5(梯形)、1:2~1:3(三角形),外侧边坡与路堑边坡相同。为拦截上侧地面径流以保证边坡的稳定,应在坡顶外至少 5m 处设置截水沟,截水沟为底宽一般不小于 0.5m 的梯形断面,路堑段的废方应做成规则形状的弃土堆,一般置于下侧坡顶外至少 3m 处。台口式路堑将山体的自然坡面作为路堑的下边坡,适用于地质状况良好的地段。半山洞路堑适用于整体坚硬的岩石层,可节省工程量,但应用时须注意公路的安全和建筑限界的要求。

3. 半填半挖路基

半填半挖路基是指介于填方和挖方之间,部分为路堤、部分为路堑的路基。在山坡路段有时采用半填半挖断面,该断面是路堤和路堑的结合形式,填方部分应按路堤的要求填筑,挖方部分应按路堑的要求设计。图 4-15 所示为填挖结合路基的几种常见横断面形式。

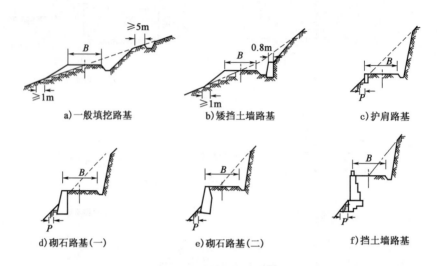

图 4-15 半填半挖路基的常见横断面形式

半填半挖路基是比较经济的断面形式。矮挡土墙路基用于挖方边坡土质松散易产生碎落的情况。护肩路基用于填土高度不大,但坡脚太远不易填筑时的情况,护肩高度不高于 3m。砌石路基用于地面横坡太陡,坡脚落空,不能填筑时的情况。挡土墙路基,其中挡土墙是不依靠路基独立稳定的结构物,它能支挡填方,稳定路基。

二、路基的边坡坡度

路基边坡是指路基边坡高度与边坡宽度的比值,表示为 $H:b=1:m$(路堤)或 $1:n$(路堑)。路基边坡坡度应根据当地条件、岩石性质、填挖类型、边坡高度和施工方法等确定。

1. 路堤边坡

路堤的边坡坡度,应根据填料的物理力学性质、气候条件、边坡高度以及基底的工程地质和水文地质条件进行合理的选定。一般路堤边坡,当地质条件良好,可根据路堤填料种类和边坡高度,按表 4-9 所列坡度选用。

路堤边坡坡度　　　　　　　　　　表 4-9

填料种类	边坡的最大高度(m)			边坡坡度		
	全部高度	上部高度	下部高度	全部高度	上部高度	下部高度
黏性土、粉质土、砂类土	20	8	12	—	1:1.5	1:1.75
砂、砾	12			1:1.5	—	
漂(块)石土、卵石土、砾(角砾)类土、碎石土	20	12	8	—	1:1.5	1:1.75
不易风化的石块	20	8	12	—	1:1.3	1:1.5

2. 路堑边坡

1)土质路堑边坡

路堑的边坡应根据当地自然条件、土石总类及其结构、边坡高度和施工方法等确定,一般情况下土质边坡高度不宜超过 30m,可参照表 4-10 选用。

土质路堑边坡坡度 表 4-10

密实程度	边坡高度(m)	
	<20	20~30
胶结	1:0.3~1:0.5	1:0.5~1:0.75
密实	1:0.5~1:0.75	1:0.75~1:1.0
中密	1:0.75~1:1.25	1:1.0~1:1.5
较松	1:1.0~1:1.5	1:1.5~1:1.75

注:1.边坡较矮或土质比较干燥的路段,可采用较陡的边坡坡度;边坡较高或土质潮湿的路段,可采用较缓的边坡坡度。
2.黄土、红黏土、高液限土、膨胀土等特殊土质挖方边坡形式及坡度应按有关规定确定。

2)岩石路堑边坡

岩石路堑边坡形式及坡度应根据工程地质与水文地质条件、边坡高度、施工方法,并结合自然稳定和人工边坡的调查综合确定。必要时可采用稳定性分析方法予以检算。边坡高度不大于 30m 时,无外倾软弱结构面的边坡坡度按表 4-11 确定。

岩质路堑边坡坡度 表 4-11

边坡岩体类型	风化程度	边坡高度(m)	
		<15	15~30
Ⅰ类	未风化、微风化	1:0.1~1:0.3	1:0.1~1:0.3
	弱风化	1:0.1~1:0.3	1:0.3~1:0.5
Ⅱ类	未风化、微风化	1:0.1~1:0.3	1:0.3~1:0.5
	弱风化	1:0.3~1:0.5	1:0.5~1:0.75
Ⅲ类	未风化、微风化	1:0.3~1:0.5	
	弱风化	1:0.5~1:0.75	
Ⅳ类	弱风化	1:0.5~1:1	
	强风化	1:0.75~1:1	

注:1.有可靠的资料和经验时,可不受本表限制。
2.Ⅳ类强风化包括各类风化程度的极软岩。

三、路基附属设施

路基的附属设施主要有取土坑、弃土堆、护坡道、碎落台、堆料坪以及错车道等,这些附属设施影响公路的使用品质,也是路基工程不可缺少的组成部分。

1.取土坑

在公路沿线挖取土方填筑路基或用于养护所留下的整齐土坑称为取土坑。取土坑应尽量设在荒坡、高地上,少占农田,并与农业、水利和环保部门紧密联系,协调发展。取土坑选点时,要考虑土质、数量、用地及运输等因素。

取土坑纵坡不小于 0.5%,横坡度为 2%~3%,并向外侧倾斜。取土坑边坡一般不宜陡于1:1.0,靠路基一侧不宜陡于 1:1.5。如图 4-16 所示。

平原地区,如果用土量较小,可以沿路两侧设置取土坑,但应与路基排水和农田灌溉相结合。路旁取土坑,一般深度约1.0m或稍大一些,宽度依据用土数量和用地允许而定。为防止坑内积水危害路基,当堤顶与坑底高差不足2.0m时,在路基坡脚与取土坑之间需设宽度不小于1.0m的护坡道。

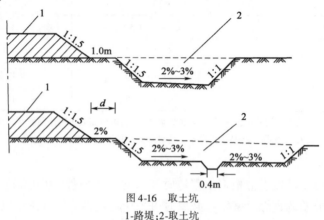

图4-16 取土坑
1-路堤;2-取土坑

2. 弃土堆

将开挖路基产生的废方放于公路沿线一定距离的整齐土堆称为弃土堆,见图4-17。对于弃方,首先要考虑充分利用,如用于加宽、加固路堤,填补坑洞或路旁洼地,亦可兼顾农田水利或基建等需要,争取做到废有所用,弃而无患。禁止随意弃土,以防堵塞河道、危害路基及农田水利等不良后果。

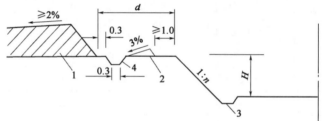

图4-17 弃土堆横断面图(尺寸单位:m)
1-弃土堆;2-三角平台;3-边沟;4-截水沟

弃土堆通常设在就近低洼地或路堑的下边坡一侧,当地面横坡小于1:5时,可设在路基两侧。弃土堆宜堆成梯形横断面,边坡不大于1:1.5,弃土堆坡脚与路堑坡顶之间的距离一般为3~5m,路堑边坡较高,土质较差时应大于5m。

3. 护坡道与碎落台

护坡道是保护路基边坡稳定的一项措施。一般设置在路基边坡的坡脚处或变坡处。浸水路堤的护坡道,可设在浸水线以上的边坡上。设置的目的是加宽边坡横向距离,减少边坡平均坡度,增加边坡稳定性。护坡道越宽,越有利于边坡稳定,但工程量也随之增加。护坡道宽度一般至少为1.0m,兼顾边坡稳定性与经济合理性考虑,其宽度d视边坡高度H而定,$H \leqslant 3.0$m时,$d=1.0$m;$H=3~6$m时,$d=2.0$m;$H=6~12$m时,$d=2~4$m。

碎落台设置在路堑坡脚或边坡中间,如图4-18所示。在岩石破碎,土质较差或土夹石地段开挖路堑,在雨水作用下,路堑边坡经常发生碎落塌方。碎落台可供风化碎落土石块积聚,以保护边沟不致堵塞或阻碍交通。碎落台宽度一般为1.0~1.5m,如兼有护坡道和视距台(弯道)的作用,可适当放宽,并应做成倾向边沟2%的横坡。

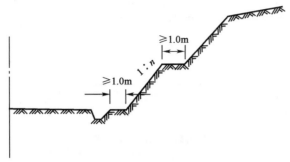

图 4-18 碎落台示意图

四、公路用地与公路建筑限界

1. 公路用地

公路用地是指为修建、养护公路及其设置沿线设施,依照国家规定所征用的地幅。

1)公路直接用地

公路直接用地是公路通过的地域,其范围依据公路的等级和断面特征的不同而有所区别。

(1)路堤:公路用地为两侧排水沟外边缘(无排水沟时为路堤或护脚)以外不小于1m的范围。

(2)路堑:公路用地为边坡坡顶截水沟外边缘(无截水沟时为坡顶)以外不小于1m的范围。

(3)公路用地范围的变化范围:对于高速公路和一级公路,在有条件的情况下,上述"1m"改为"3m";二级公路则改为"2m"。对高填深挖的路段,为保证路基的稳定,应通过计算确定用地的范围。

2)公路辅助用地

为了公路安全、养护、管理等需要的用地范围,如安装防砂或防雪栅栏,公路沿线路用房屋、料场、苗圃、停车场等,应在节约用地的原则下,根据实际需要确定。

公路用地的征用,必须严格按《中华人民共和国土地管理法》的规定征用,并办理相应手续,才能确认为公路用地。在此范围内,不得修建非路用房屋,开挖渠道,埋没管道、电缆、电杆等。

2. 公路建筑限界

公路建筑限界是指为了保证公路上规定的车辆正常运行与安全,在一定宽度和高度范围内,不得有任何障碍物侵入的空间范围。公路横断面设计中,公路标志、护栏、照明灯柱、电杆、管线、绿化、行道树以及跨线桥的梁底、桥台、桥墩等任何部分不得侵入公路建筑限界之内。各级公路的建筑界限规定如图4-19所示。如图4-20所示,上缘边界线为水平线(超高路段与超高横坡平行),两侧边界线与水平线垂直(超高路段与路面垂直)。建筑限界的净高与预留,《公路勘测规范》(JTG C10—2007)规定为:高速公路、一级公路和二级公路的净空高度为5m;三级公路、四级公路为4.5m;三级公路、四级公路的路面类型若为砂石路面时,考虑今后路面面层需要改造提高,净空高度可预留20cm;构造物位于凹形竖曲线上方时,长大车辆通过会形成圆弧上的一条弦而降低构造物下的有效净高,应保证有效净空高度满足各级公路规定的净空高度要求,如图4-21所示;公路下穿时应保证公路距构造物底部任意一点均应满足净高的需要。

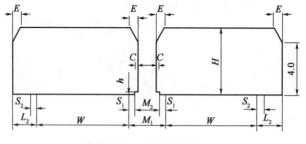

a) 高速公路、一级公路(整体式)

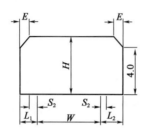
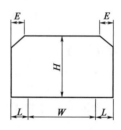

b) 高速公路、一级公路(分离式)　　c) 二、三、四级公路

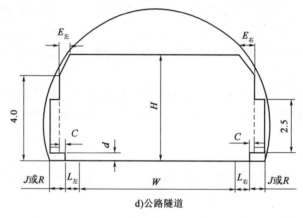

d) 公路隧道

图 4-19　公路建筑限界(尺寸单位:m)

图中：W——行车道宽度；

　　　C——当设计速度大于或等于 100km/h 时为 0.5m，小于 100km/h 时为 0.25m；

　　L_1——左侧硬路肩宽度；

　　L_2——右侧硬路肩宽度；

　　S_1——左侧路缘带宽度；

　　S_2——右侧路缘带宽度；

　　M_1——中间带宽度；

　　M_2——中央分隔带宽度；

　　　J——隧道内检修道宽度；

　　　R——隧道内人行道宽度；

　　　d——隧道内检修道或人行道高度；

　　　E——建筑界限顶角宽度，当 $L \leqslant 1m$ 时，$E=L$；当 $L>1m$，$E=1m$；

H——净高,一条公路应采用一个净高,高速公路、一级公路、二级公路为 5.00m,三级公路、四级公路为 4.50m;

L——侧向宽度,高速公路、一级公路的侧向宽度为硬路肩宽度(L_1 或 L_2),其他各级公路的侧向宽度为路肩宽度减去 0.25m。

注:1. 当设有加(减)速车道、紧急停车带、爬坡车道、慢车道、错车道时,建筑界限应包括相应部分的宽度。

2. 八车道及八车道以上的高速公路(整体式),设置左侧硬路肩时,建筑界限应包括相应部分的宽度。

3. 桥梁、隧道设置检修道、人行道时,建筑界限应包括相应部分的宽度。

4. 检修道、人行道与行车道分开设置时,其净高一般为 2.5m。

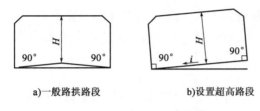

图 4-20 建筑限界的边界线划定

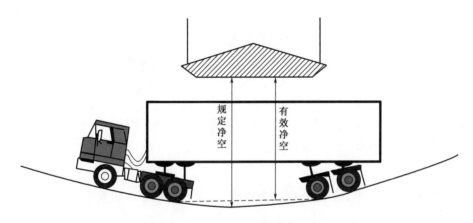

图 4-21 凹形竖曲线上方有效净空高度

任务三 路基土石方数量计算及调配

(1)明确横断面土石方面积的计算方法。
(2)掌握土石方数量的计算。
(3)理解土石方调配的原则及方法。

公路施工图设计文件必须明确工程项目的工程数量及挖方的利用和填方的来源及运距,为编制工程预(概)算、确定合理的施工方案以及计量支付提供依据。本任务结合公路施工图设计文件中横断面设计成果,引导学生结合设计文件中的横断面设计图,进行横断面面积的计

算、土石方工程数量的计算,并理解土石方调配应遵循的原则及方法。

相关知识

路基土石方工程的工程量是比选路线设计方案的主要经济指标之一。土石方的数量及其调配,关系到取土或弃土地点、公路用地范围,同时影响修建公路的工程造价、所需的劳动力、机具设备和施工期限。

土石方计算与调配的主要任务是计算每公里路段的土石方数量和全线总土石方工程数量,设计挖方的利用和填方的来源及运距,为编制工程预(概)算、确定合理的施工方案以及计量支付提供依据。

土石方的计算通常采用近似方法,计算精度按工程的要求而定。一般情况下,横断面的面积以平方米为单位,取至小数点后一位;土石方的体积以立方米为单位,取至整数。

一、横断面面积计算方法

路基的填挖断面面积,是指断面图中原地面线与路基设计线所包围的面积,高于地面线者为填,低于地面线者为挖,两者应分别计算。下面介绍4种常用的面积计算方法。

1. 积距法

如图4-22所示,将断面按单位横宽划分为若干个梯形和三角形,每个小条块的面积近似按每个小条块中心高度与单位宽度的乘积,即 $A_i = bh_i$ 计算,则横断面面积:

$$A = bh_1 + bh_2 + bh_3 + \cdots + bh_n = b\sum h_i$$

当 $b = 1m$ 时,A 在数值上就等于各小条块平均高度之和 $\sum h_i$。

积距法求面积就是在实际操作中转化为量取 h_i 的累加值,平均高度总和 $\sum h_i$ 可以用"卡规法"和"纸条法"来求积距。

2. 坐标法

如图4-23所示,已知断面图上各转折点坐标 (x_i, y_i),则断面面积为:

$$A = \frac{1}{2}\sum_{i=1}^{n}(x_i y_{i+1} - x_{i+1} y_i)$$

式中:(x_i, y_i)——设计线和地面线围成面积的各顶点的坐标,m。

坐标法精度较高,方法较繁,适用计算机计算。

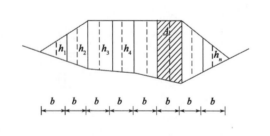

图4-22 积距法求面积

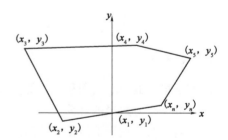

图4-23 坐标法求面积

3. 几何图形法

当横断面地面线较规则时,可分成几个规则的几何图形,如三角形、矩形和梯形,然后分别计算其面积,即可求出横断面总面积。

4. 混合法

对于填方或挖方面积较大的横断面图,可以将几何图形法和积距法共用,加快计算速度。

面积计算时应注意的问题:

(1)填方和挖方的面积应分别计算。

(2)填方或挖方的土石因为造价不同,亦应分别计算。

(3)有些情况下横断面上的某一部分面积可能既是挖方面积,又要算做填方面积。例如:遇淤泥既要挖除,又要回填其他材料;或当地面自然坡度较陡时,按《公路路基设计规范》(JTG D30—2015)的要求需开挖台阶的面积等。

二、土石方数量计算方法

路基土石方计算工作量较大,加之路基填挖变化的不规则性,要精确计算土石方体积是十分困难的。在工程上通常采用近似计算。

1. 平均断面法

平均断面法即假定相邻断面间为一棱柱体,如图 4-24 所示,则其体积为:

$$V = (A_1 + A_2)\frac{L}{2}$$

式中:V——体积,即土石方数量,m^3;

A_1、A_2——分别为相邻两断面的面积,m^2;

L——相邻断面之间的距离,m。

用平均断面法计算土石方体积简便、实用,是公路上常采用的方法。但其精度较差,只有当 A_1、A_2 相差不大时才较准确。

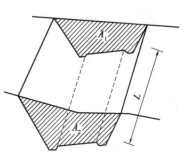

图 4-24 平均断面法

2. 棱台体积法

当 A_1、A_2 相差较大时,则按棱台体公式计算与实际土石方体积更为接近,其公式如下:

$$V = \frac{1}{3}(A_1 + A_2) L \left(1 + \frac{\sqrt{m}}{1 + m}\right)$$

式中:$m = A_1/A_2$,其中 $A_1 < A_2$。

棱台体积法精度较高,应尽量采用该方法计算土石方数量。

3. 土石方数量计算时应注意的问题

(1)用上述方法计算的土石方体积包含了路面体积。若所设计的纵断面填挖基本平衡时,则填方断面中多计算的路面面积与挖方断面中少计算的路面面积相互抵消,其总体积与实际体积相差不大。

若路基是以填方或以挖方为主,则需要在计算断面面积时考虑路面面积。填方时,需要扣除路面面积;挖方时,需要增加路面面积,特别是路面厚度较大时更不能忽略。

(2)计算路基土石方数量时,应扣除大、中桥及隧道所占路线长度的体积;桥头引道的土石方,可视需要全部或部分列入桥梁工程项目中,但应注意不要遗漏或重复;小桥涵所占的体积一般可不扣除。

(3)路基工程中的挖方按天然密实方体积计算,填方按压实后的体积计算,各级公路各类土石方与天然密实方换算系数见表4-12,土石方调配时注意换算。

路基土石方与天然密实方换算系数表 表4-12

公路等级	土石类别			
	土方			石方
	松土	普通土	硬土	
二级及二级以上公路	1.23	1.16	1.09	0.92
三级公路、四级公路	1.1	1.05	1.00	0.84

三、路基土石方调配

土石方调配的目的是为确定填方用土的来源、挖方用土的去向,以及计价土石方的数量和运量等。通过调配可以合理地解决各路段土石方平衡与利用的问题,从路堑挖出的土石方,在经济合理的调运条件下以挖作填,达到填方有所"取",挖方有所"用",避免不必要的借方和废方,以减少占地和降低公路造价。

1. 土石方调配原则

(1)先横向后纵向。土石方调配应尽可能在本路段内移挖作填(即横向调配)以减少废方和借方。

(2)合理确定经济运距。综合考虑不同的施工方法、运输条件、地形情况等因素,选用合理的经济运距。

需要指出的是,土方调配"移挖作填"固然要考虑经济运距问题,但这不是唯一的指标,还要综合考虑弃方和借方的占地,赔偿青苗损失及对农业生产的影响等。有时路堑的挖方纵面调运作路堤的填方,虽然运距超出一些,运输费用可能高一些,但如能少占地、少影响农业生产,这样,对整体来说未必是不经济的。

(3)考虑施工因素。调配土石方时应考虑桥涵位置,一般不做跨沟调运,也应考虑地形情况,一般不宜往上坡方向调运。

(4)不同性质的土石方应分别调配,以保证路基稳定和人工构造物的材料供应,可以以石代土。石方除特殊情况外,一般不做纵向调配。

(5)位于山坡上的回头曲线路段,要优先考虑上下线的土方竖向调运。

(6)土方调配对于借土和弃土应事先同地方商量,妥善处理。废方一般应不占或少占耕地,在可能的条件下将弃土平整为耕地,防止乱弃乱堆或堵塞河流,损害农田;借土应结合地形、农田规划等选择借土地点,并综合考虑借土还田、整地造田等措施。

2. 土石方调配中的几个问题

(1)平均运距。土方调配的运距中,从挖方体积的重心到填方体积的重心之间的距离,称为平均运距。在路线工程中为简化计算起见,这个距离可简单地按挖方断面间距中心至填方断面间距中心的距离计算。

(2)免费运距。土、石方作业包括挖、装、运、卸等工序,在某一特定距离内,只按土、石方数量计价而不计运费,这一特定的距离称为免费运距。施工方法不同,免费运距也不同,如人工运输的免费运距为20m,铲运机运输的免费运距为100m。各种作业方法的免费运距见现行《公路工程概算定额》和《公路工程预算定额》。在纵向调配中,当其平均运距超过定额规定的免费运距时,应按其超运运距计算土石方运量。

(3)经济运距。填方用土来源,一是路上纵向调运,二是就近路外借土。一般情况下,调运路堑挖方去填筑距离较近的路堤是比较经济的。但如果调运的距离过长,以至运价超过了在填方附近借土所需的费用时,移挖作填就不如在路堤附近就地借土经济。因此,采用"借"还是"调",有个限度距离,这个限度距离称为"经济运距",其值按下式计算:

$$L_{经} = \frac{B}{T} + L_{免}$$

式中:$L_{经}$——免费运距,km;
　　B——借方单价,元/m³;
　　T——超运运费单价,元/(m³·km);
　　$L_{免}$——免费运距,km。

经济运距是确定借土或调运的界限,当调运距离小于经济运距时,采取纵向调运是经济的;反之,则可考虑就近借土。

(4)运量。土石方运量为平均超运运距单位与土石方调配数量的乘积。

在生产中,例如工程定额中人工运输免费运距20m,平均每增运距10m划为一个运输单位,称之为"级",当实际的平均运距为40m,超运运距为20m时,为两个运输单位,称为二级,在路基土石方数量计算表中记作②。于是得:

$$W = Qn$$

$$n = \frac{L - L_{免}}{A}$$

上述式中:W——运量,m³;
　　　　Q——调配土石方数量,m³;
　　　　n——平均超运运距单位,四舍五入取整数;
　　　　L——土石方调配平均运距,m;
　　　　$L_{免}$——免费运距,m;
　　　　A——超运运距单位,m(例如,人工运输 $A=10$m,铲运机运输 $A=50$m)。

(5)计价土石方数量

在土石方计算与调配中,所有挖方均应予以计价,但填方则应按土的来源决定是否计价,如是路外就近借土就应计价,如是移挖作填的纵向调配利用方,则不应再计价,否则形成双重计价。即计价土石方数量为:

$$V_{计} = V_{挖} + V_{借}$$

式中:$V_{计}$——计价土石方数量,m³;
　　$V_{挖}$——挖方数量,m³;
　　$V_{借}$——借方数量,m³。

3. 路基土石方调配方法

土石方调配方法,目前生产上采用土石方计算表调配法,即在路基土石方数量表上作土石方调配,其优点是方法简单,调配清晰,精度符合要求。该表也可由计算机自动完成。具体调配步骤如下:

(1)在路基土石方数量计算及调配表(表4-13)上的"挖方""填方"栏的计算复核无误后,将桥涵、陡坡、大沟等注于表旁,供调配时参考。

路基土石方数量计算及调配表

××公路   第1页 共113页   表4-13

桩号	横断面面积(m²) 挖方	横断面面积(m²) 填方	距离(m)	总数量	挖方分类及数量(m³) I %	I 数量	挖方分类及数量 II %	II 数量	III %	III 数量	IV %	IV 数量	V %	V 数量	VI %	VI 数量	填方数量(m³) 总数量	填方 土	填方 石	本桩利用 土	本桩利用 石	利用方数量及调配(m³) 填缺 土	填缺 石	挖余 土	挖余 石	远运利用及纵向调配示意	备注
1	2	3	4	5	6	7	8	9	10	11	12	13	14	15	16	17	18	19	20	21	22	23	24	25	26	27	28
K0+000	124.43	0.00																									
K0+000	186.68	0.00	10.00	1555.6			10	155.6			80	1244.4	10	155.6										155.6	1400.0	石2972.4(1897m)	
K0+030	209.43	0.00	20.00	3961.1			10	396.1			80	3168.9	10	396.1										396.1	3565.0		
K0+050	201.42	0.00	20.00	4108.5			10	410.8			80	3286.8	10	410.8										410.8	3697.6	(到弃土坑K1+850)	
K0+070	172.45	0.00	20.00	3738.7			10	373.9			80	2990.9	10	373.9										373.9	3364.8		
K0+090	127.42	0.00	20.00	2998.7			10	299.9			80	2398.9	10	299.9										299.9	2698.8		
K0+100	112.66	0.00	10.00	1200.4			10	120.0			80	960.3	10	120.0										120.0	1080.3	土2148.5(1703m)、石17614.1(1724m)	
K0+120	94.98	0.00	20.00	2076.4			10	207.6			80	1661.1	10	207.6										207.6	1868.7		
K0+140	60.36	0.00	20.00	1553.4			10	155.3			50	1242.7	10	155.3										155.3	1398.1	±290.3(38m)	
K0+160	39.15	0.00	20.00	995.1			10	99.5			80	796.1	10	99.5										99.5	895.6		
K0+180	26.32	0.00	20.00	654.7			10	65.5			80	523.8	10	65.5										65.5	589.2		
K0+200	1.93	8.60	20.00	282.6			90	254.3			5	14.1	5	14.1			86.0	86.0		86.0				154.6	28.3	(调至K1+753)	
K0+220	0.38	14.03	20.00	23.2			90	20.8			5	1.2	5	1.2			226.3	223.8	2.5	18.0	2.5	205.8						
K0+240	12.09	1.44	20.00	124.8			90	112.3			5	6.2	5	6.2			154.8	141.2	13.6	96.8	13.6	44.4			23.4			
K0+260	11.34	0.97	20.00	234.3			90	210.9			5	11.7	5	11.7			24.1	24.1		24.1					182.9	31.5		
K0+280	20.21	0.25	20.00	315.4			90	283.9			5	15.8	5	15.8			12.2	12.2		12.2					169.7	29.0		
K0+300	8.80	5.22	20.00	290.1			90	261.1			5	14.5	5	14.5			54.6	54.6		54.6					197.7	30.3		
K0+320	21.50	0.57	20.00	303.1			90	272.8			5	15.2	5	15.2			57.8	57.8		57.8					205.7	747.1		
K0+340	66.39	0.00	20.00	878.9			15	131.8			75	659.2	10	87.9			5.7	5.7		5.7					125.2	1758.6		
K0+360	140.51	0.00	20.00	2069.0			15	310.3			75	1551.7	10	206.9											310.3	2697.8		
K0+380	176.88	0.00	20.00	3173.9			15	476.1			75	2380.4	10	317.4											476.1	1462.0	石19297.9(1498m)	
K0+390	167.11	0.00	10.00	1720.0			15	258.0			75	1290.0	10	172.0											258.0	567.0		
K0+393941	171.44	0.00	3.94	667.1			15	100.1			75	500.3	10	66.7											100.1	912.0	(到弃土坑K1+850)	
K0+400	182.73	0.00	6.06	1073.1			15	160.9			75	804.7	10	107.3											160.9	1425.3		
K0+410	152.64	0.00	10.00	1676.8			15	251.5			75	1257.6	10	167.7											251.5			
K0+420	151.96	0.00	10.00	1523.0			15	228.4			75	1142.2	10	152.3										228.4	1294.5		
K0+430	135.83	0.00	10.00	1438.9			15	215.8			75	1079.2	10	143.9										215.8	1223.1		
小计				38636.3				5833.3				29018.0		3785.0			621.6	605.5	16.1	250.3	16.1	5421.3	32788.1	5421.3	32788.1		
累计				38636.3				5833.3				29018.0		3785.0			621.6	605.5	16.1	355.2	16.1	250.3						

路基每公里土石方数量表

表 4-14 第 1 页 共 2 页 SⅢ-21-1

××公路工程

起讫桩号	长度 (m)	挖方 (m³) 总体积	挖方 (m³) 土方 松土	挖方 (m³) 土方 普通土	挖方 (m³) 石方 硬土	挖方 (m³) 石方 软石	挖方 (m³) 石方 次坚石	挖方 (m³) 石方 坚石	填方 (m³) 总数量	填方 (m³) 土方	填方 (m³) 石方	本桩利用 土方 (m³)	本桩利用 石方 (m³)	远运利用 土方 (m³)	远运利用 石方 (m³)	远运利用 平均运距 (km) 土方	远运利用 平均运距 (km) 石方	借方 土方 (m³)	借方 石方 (m³)	借方 平均运距 (km)	远运利用到软土处理 土方 (m³)	远运利用到软土处理 石方 (m³)	平均运距 (km) 土方	平均运距 (km) 石方	备份
K0+000~K1+288	1288	9023.2		9023.2																					
K1+288~K2+150	862	7897.2		7987.2																					
K2+150~K7+050	4900	4.4		4.4																					
K7+050~K8+000	950	3502.6		3502.6					162.2	162.2		162.2		17401.9		5.465					7.0			
K8+000~K9+000	1000	1710.6		1710.6					18771.2	18771.2		1369.2		13606.1		1.923								
K9+000~K10+000	1000	20604.7		20604.7					14788.7	14788.7		1182.5		11450.1		0.452					40462.9			
K10+000~K11+000	1000	73878.9		73878.9					13372.9	13372.9		1922.7		17766.2		0.138					683.6			
K11+000~K12+000	1000	96444.1		96444.1					18553.1	18553.1		786.9		34803.5		0.157								
K12+000~K13+000	1000	50611.0		50611.0					36193.5	36193.5		1390.0		43935.7		0.198								
K13+000~K14+000	1000	13628.2		13628.2					44564.9	44564.9		629.2		27147.7		1.101								
K14+000~K15+000	1000	22320.7		22320.7					28652.1	28652.1		1504.3		24246.4		0.894								
K15+000~K16+000	1000	4772.6		4772.6					25191.0	25191.0		944.6		21611.1		3.587								
K16+000~K17+000	1000	25486.5		25486.5					22254.5	22254.5		643.4		25528.8		1.047		1220.8		3.210				
K17+000~K18+000	1000	4084.5		4084.5					27623.0	27623.0		873.4		1641.9		0.100		16118.5		2.610				
K18+000~K19+000	1000	21144.6		21144.6					18890.2	18890.2		1129.7		13561.3		0.234		392.4		2.132				
K19+000~K20+000	1000	636.7		636.7					14641.6	14641.6		688.0		4728.3		0.789		28437.3		0.594				
K20+000~K21+000	1000	2958.1		2958.1					33714.6	33714.6		548.9		1917.6		0.077		19551.8		0.675				
K21+000~K22+000	1000	504.6		504.6					22101.9	22101.9		632.5						19452.9		1.581				
K22+000~K23+000	1000	568.7		568.7					19887.9	19887.9		435.0						27149.6		2.625				
K23+000~K24+000	1000	962.0		962.0					27639.8	27639.8		490.2		6847.3		2.339								
K24+000~K25+000	1000	414.4		414.4					24007.9	24007.9		829.3		20250.4		0.775		16331.3		3.494				
K25+000~K26+000	1000	42238.7		42238.7					20607.6	20607.6		357.2		14807.4		0.695								
K26+000~K27+000	1000	13894.5		13894.5					16531.9	16531.9		1724.5		21869.5		0.481								
K27+000~K28+000	1000	101838.9		101838.9					22746.7	22746.7		877.2		39586.8		0.291								
K28+000~K29+000	1000	3185.6		3185.6					39809.1	39809.1		222.2		13892.8		0.684								
									15071.1	15071.1		1178.5												
本页小计		522315.9		522315.9					525777.2	525777.2		20521.9		376600.7		1.008		128654.6		1.834	41153.6			

编制： 复核：

(2)计算并填写表中"本桩利用""填缺""挖余"各栏。当以石作填土时,石方数应填入"土"中,并以符号区别之。然后按填挖方分别进行闭合核算,其核算公式为:

$$填方 = 本桩利用 + 填缺$$
$$挖方 = 本桩利用 + 挖余$$

(3)在作纵向调配前,根据"填缺""挖余"的分布情况,选择适当施工方法及可采用的运输方式定出合理的经济运距,供土方调配时参考。

(4)根据填缺、挖余的分布情况,结合路线纵坡和自然条件,本着技术经济、少占用农田的原则,具体拟定调配方案。将相邻路段的挖余就近纵向调配到填缺内加以利用,并把具体调运方向和数量用箭头表明在纵向调配栏中。

(5)经过纵向调配,如果仍有填缺或挖余,则应会同当地政府协商确定借土或弃土地点,然后将借土或弃土的数量和运距分别填注到借方或废方栏内。

(6)调配完成后,应分页进行闭合核算,核算公式为:

$$填缺 = 远运利用 + 借方$$
$$挖余 = 远运利用 + 废方$$

(7)本公里调配完毕,应进行本公里合计,总闭合核算除上述外,尚有:

$$(跨公里调入方) + 挖方 + 借方 = (跨公里调出方) + 填方 + 废方$$

(8)土石方调配一般在本公里内进行,必要时也可跨公里调配,但需将调配的方向及数量分别注明,以免混淆。

(9)每公里土石方数量计算与调配完成后,须汇总列入"路基每公里土石方表"(表4-14),并进行全线总计与核算。至此完成全部土石方计算与调配工作。

任务四 横断面测设

(1)明确横断面设计成果的组成。
(2)掌握横断面地面线的测量方法。

横断面图的设计是基于横断面原地面线及纵断面的设计高程完成的,本任务要求学生掌握横断面地面线的测量及绘制,并结合公路施工图设计文件理解横断面设计成果图表组成及作用。

路基横断面设计的主要成果是"三图多表",即路基横断面图,路基标准横断面图,路基设计表,土石方数量计算及调配表,每公里土石方数量表,取、弃土场设置一览表等。

一、横断面测设依据

1.路基标准横断面图

路基标准横断面图,即典型横断面图,如图4-25所示。

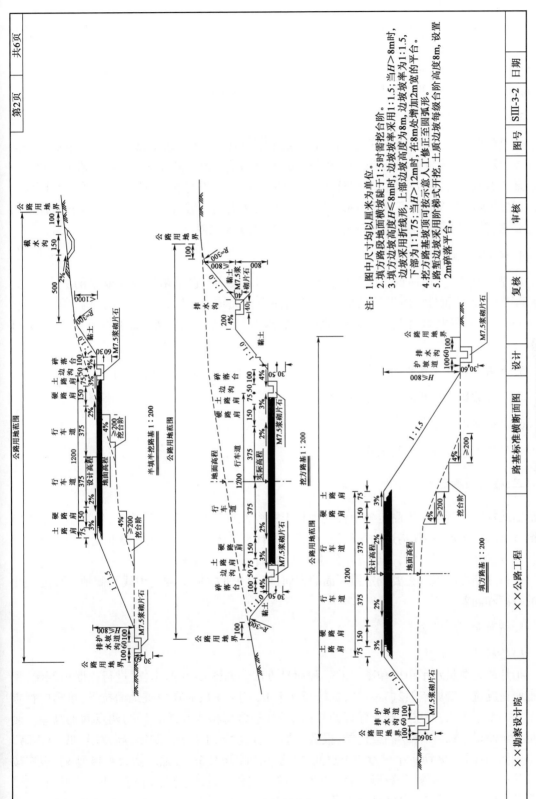

图4-25 路基标准横断面图

2. 一般路基设计图

一般路基设计图是路基横断面设计图中出现的所有路基形式的汇总,如图4-26所示。它示出了所有设计线(包括边坡、边沟、挡墙、护肩等)的形状、比例及尺寸,用以指导施工。这样路基横断面设计图就不必对每一个断面都进行详细的标注(其中很多断面的比例、尺寸都是相同的),避免了工作的重复与烦琐,也使横断面设计图比较简洁。

3. 路基横断面设计图

路基横断面设计图,即逐桩横断面设计图,如图4-27所示。它是路基每一个中桩的法向剖面图,反映每个桩位处横断面的尺寸及结构,是路基施工及横断面面积计算的依据。图中应绘出地面线与设计线,并标注桩号、施工高度与断面面积。相同的边坡坡度可只在一个断面上标注,挡墙等圬工构造物可只绘出形状不标注尺寸,边沟也只需绘出形状。横断面设计图应按从左到右,从下到上的方式进行布图,一般采用1∶200的比例。

4. 路基设计表

路基设计表,严格地说不能只作为横断面设计的成果,它是路线设计成果的一个汇总,其前半部分是平面与纵面设计的成果。横断面设计完成后,再将"边坡""边沟"等栏填上。其中"边沟"一栏的"坡度"如不填写,表明沟底纵坡与道路纵坡一致,如果不一致,则需另外填写。

5. 土石方数量计算及调配表

土石方数量计算及调配表见表4-13。

6. 每公里土石方数量表

每公里土石方数量表见表4-14。

二、横断面测量

路线横断面测量是指测定各中桩处垂直于中线方向上的地面起伏情况,然后绘制成横断面图,供路基、边坡、特殊构造物的设计,土石方的计算和施工放样之用。横断面测量的宽度由路基宽度和地形情况确定,一般应在公路中线两侧各测15~50m。

进行横断面测量首先要确定横断面的方向,然后在此方向上测定中线两侧地面坡度变化点的距离和高差。

1. 横断面测量方法

1)抬杆法

抬杆法是测量水平距离和高差的一种简易方法。如图4-28所示,要进行横断面测量,根据地面情况选定变坡点1、2、3……将标杆竖立于1点上,皮尺靠在中桩地面拉平,量出中桩点至1点的水平距离,而皮尺截于标杆的红白格数(通常每格为0.2m)即为两点间的高差。测量员报出测量结果,以便绘图或记录,报数时通常省去"水平距离"四字,高差用"低"或"高"报出。例如:图4-28所示中桩点与1点间,报为"6.0m 低1.6m",记录如表4-15所列,表中按路线前进方向分左右侧,分数形式表示各测段的高差和距离,分子表示高差,正号为升高,负号为降低,分母表示距离。自中桩由近及远逐段记录。

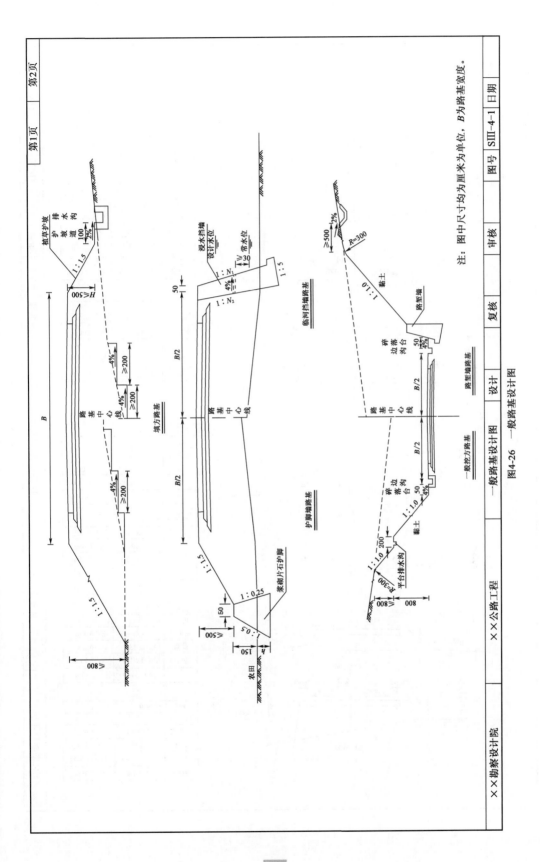

图4-26 一般路基设计图

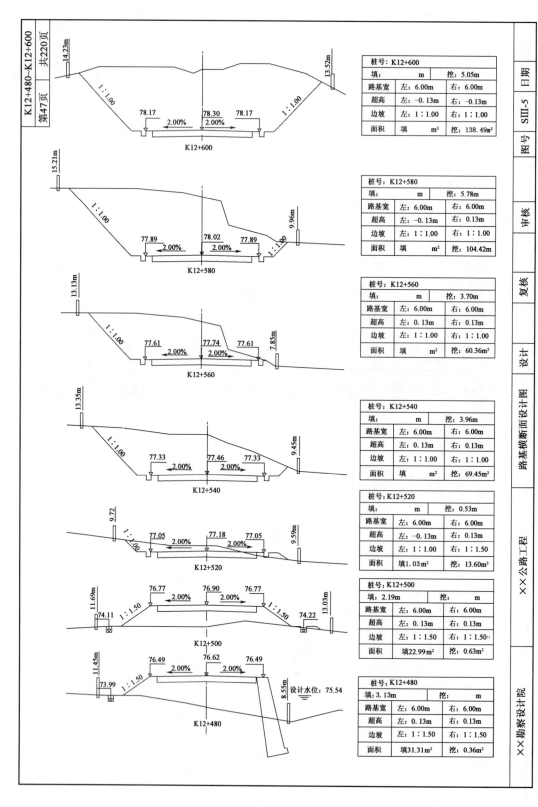

图4-27 路基横断面设计图

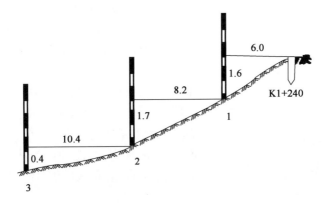

图 4-28 抬杆法测横断面(单位:m)

横断面测量记录表　　　　　　　　　　　　　　　　　　　表 4-15

左　　侧	桩　号	右　　侧
……		……
平 $\dfrac{-0.4}{10.4}\ \dfrac{-1.7}{8.2}\ \dfrac{-1.6}{6.0}$	K1+240	$\dfrac{+0.6}{2.8}\ \dfrac{+1.2}{3.2}\ \dfrac{+1.2}{3.4}$
平 $\dfrac{-0.8}{1.8}\ \dfrac{-0.4}{6.2}\ \dfrac{-1.4}{1.4}$	K1+220	$\dfrac{+0.4}{1.8}\ \dfrac{+1.0}{2.0}\ \dfrac{+1.2}{3.0}$ 同坡

此法操作方便而且进度快,但精度较低,适用于山区横断面测量。

2)水准仪皮尺法

当视线开阔,横坡不大,对横断面精度要求较高时,可用水准仪施测高差,配合卷尺丈量距离。测量方法与纵断面水准测量一样(采用视线高程法),即后视对准后,求得视线高程,减去所有断面点的中视读数,即得各点高程。仪器安置得当,一站可测多个横断面。

3)经纬仪视距法

在地形复杂、横坡较陡的地区,可以置经纬仪于中桩上,用视距法测出两侧各变坡点与中桩点间的水平距离和高差。

高速公路、一级公路一般采用水准仪皮尺法、经纬仪视距法,二级及二级以下公路可采用标杆皮尺法。

2.横断面测量精度要求

横断面测量的宽度可根据经验估计的中桩处填挖高度,并结合边坡大小及有关工程的特殊要求来确定,一般自中线两侧各测 10~50m。横断面测量的精度要求见表 4-16。

横断面检测限差(单位:m)　　　　　　　　　　　　　　　　表 4-16

路　　线	距　离	高　程
高速公路、一级公路	$\pm(L/100+0.1)$	$\pm(h/200+L/200+0.1)$
二级及二级以下公路	$\pm(L/50+0.1)$	$\pm(h/50+L/100+0.1)$

注:L 为测点至中桩的水平距离,以 m 计;h 为测点至中桩的高差,以 m 计。

3.横断面图的绘制

横断面图一般采取在现场边测边绘,这样既可省略记录工作,也能及时在现场核对,减少差错。如遇不便现场绘图的情况,须做好记录工作,带回室内绘图,再到现场核对。横断面图一般绘制在厘米方格纸上,图幅一般为 350mm × 500mm,每厘米有一细线条,每厘米有一粗线条,细线间一小格是 1mm。绘图前应先在厘米方格纸上标出中桩位置并标注桩号,然后从中桩开始,逐一将变坡点展绘在图上,用直线把相邻点连接起来,最后标注有关地物和数据等。显然,在一幅图上可绘多个断面图,一般规定:绘图顺序为从图纸左下方起,自下而上、由左向右,依次按桩号绘制,如图 4-29 所示。

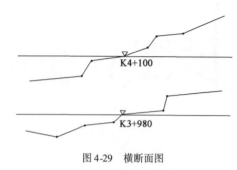

图 4-29　横断面图

横断面图的比例通常采用 1∶200。

绘制横断面图的工作量较大,为提高工效,防止错误,在现场边测边绘可及时核对,发现问题便于及时纠正,以保证横断面图的质量。目前,横断面的绘图大多采用计算机,选用合适的软件在室内进行绘制。

 思考题

1. 简述路基标准横断面的组成。
2. 什么是免费运距、平均运距和超运运距?
3. 远距离调运土石方时,为什么要计算经济运距?
4. 公路设计中为何要进行土石方调配?
5. 路基土石方计算和调配时,怎样进行核算?
6. 简述《标准》对公路用地范围的基本规定。
7. 简述横断面地面线的测量方法。
8. 简述横断面绘图时的布图要求。

项目五 公路选线与外业勘测

任务一 选线的认识

学习目标

(1) 掌握公路选线原则及步骤。
(2) 理解路线方案比选方法。
(3) 明确平原区、山岭区、丘陵区选线要点。

任务描述

选线是公路线形设计的重要环节,其质量直接关系到整条公路的工程造价及公路今后使用的适用性、安全性、可靠性和寿命。另外,在两点之间,可能的线路很多,自然环境和社会经济环境复杂多变,加之路线本身平、纵、横三方面的相互影响和制约,以及路线位置对公路构造物和其他公路设施影响很大等因素,使得选线工作变得十分复杂。因此,选线是一项具有很强技术性、综合性和政策性的工作。本任务通过施工图设计案例引导学生分析不同地形图上选线考虑的因素及选线的方法和步骤,理解路线的选线工作是设计中最关键的一步。

相关知识

公路选线,就是在规划的起讫点之间根据公路的性质、任务、等级和标准,结合地形、地物条件,并在对工程地质、水文地质、山地自然灾害、筑路材料、生态环境、自然景观等进行充分调查的基础上,结合沿线小区域气候特征,综合平、纵、横三方面因素,在实地(或纸上)选定一条技术上可行、经济上合理,且能符合使用要求的公路中心线平面位置的工作。选线应包括确定路线基本走向、路线走廊带、路线方案至选定线位的全过程。

一、选线原则

1. 选线必须与公路的主客观条件相适应

限制和影响公路选线的条件可归纳为主观条件和客观条件。主观条件是指经过审查批准的设计任务书(或其他文件)明确规定的该线路在公路网中的地位和作用、技术标准、公路等级及线路总方向,这是选线的基本依据。客观条件是指公路所经地区原有交通的布局(如铁路、公路、航道、航空、管道等)、城镇、工矿企业、资源的状况,土地开发利用和规划的情况以及地形、地质、气象、水文等自然条件,这是公路选线必须考虑的因素。选线人员要从各种可能的方案中选择出一条最优的路线方案,就要充分考虑上述条件对公路的影响,使之相适应。

(1) 选线布局必须符合国家的方针政策,应根据设计路线使用任务和性质,综合考虑其区

域内国民经济发展情况与远景规划,处理好近期与远期的关系。在总体规划的指导下,路线方案应根据路线的起讫点,选定走廊带与主要控制点,并进行布局和总体设计,合理运用技术指标,对可行的路线方案进行比选,力争线路短捷,保证行车安全。

(2)应充分利用有利地形、地势,尽量回避不利地带,从行车安全、畅通、施工、养护经济方便着眼,对线路与地形的配合加以研究;综合考虑平面、纵断面和横断面三者间的关系,力求平面顺适、纵断面均衡,横断面合理。必要时可运用公路透视图进行分析与评价。

2. 合理掌握和运用技术标准

在工程数量增加不大时,应尽量采用较高的技术标准。不要轻易采用较小指标或极限指标,也不应不顾工程数量的增加,片面追求高指标。

3. 应充分利用建设用地,严格保护农用耕地

选线时要处理好公路与农业基本建设的配合,做到少占田地,并应尽量不占高产田、经济作物田或经济林园(如橡胶、茶林、果园)等。同时注意与修路造田、农田水利灌溉、土地规划等相结合。

4. 选线应重视水文、地质问题

不良地质和地貌对公路的稳定影响极大,选线时应对路线所经区域、走廊带及其沿线的工程地质和水文地质进行深入勘测调查,弄清它们对公路工程的影响。遇有滑坡、崩塌、岩堆、泥石流、岩溶、软土、泥沼等严重地质不良地段和沙漠、多年冻土等特殊地区的路线,应慎重处理,视其对路线的影响程度,分别对绕、避、穿等方案进行论证比选。当必须穿过时,应选择合适的位置,缩小穿越范围,并采取切实可行的工程措施。

5. 保护文物及生态环境,并同当地的自然景观相协调

国家文物是不可再生的文化资源,路线应尽可能避让不可移动文物。同时应综合考虑由公路工程与车辆通行所引起的环境保护问题。

6. 选线应综合考虑公路与城镇、桥梁、隧道及其他线路的关系

(1)在选线中,高速公路、具有干线功能的一级公路与作为路线控制点的城镇相衔接时,以连接城市环线或以支线连接为宜,并与城市发展规划相协调。新建的二级公路、三级公路应结合城镇周边路网布设,避免穿越城镇。

(2)大桥、长隧道、互通式立体交叉、铁路交叉等的位置,应为路线走向控制点,在服从路线基本走向的原则下,对路桥综合考虑,不要因桥位而过多地增长线路,桥位应尽量选择在河道顺直、水流稳定、地质良好的河段上,并注意方便当地群众出行。

(3)中小桥涵、短隧道,以及一般构造物的位置应服从路线走向。但在不降低技术指标的情况下,也应适当照顾小桥涵位置的合理性。

二、选线步骤

公路路线的选定是经过由浅入深、由粗到细、从整体到局部、由总体到具体、从面到带、从带到线的过程来实现的。这种特点决定了选线工作内、外业的关系:外业勘测与调查是内业选线设计的依据,而内业定线又指导下一阶段的外业勘测,经过多次反复才能最后将线路测设于地面。所以选线要按照测设程序分阶段分步骤进行,经过比较分析后,选定最合理线路位置。选线一般通过全面布局、逐段安排和具体定线三个步骤进行。

1. 全面布局

这是解决路线基本走向的全局性工作。就是在起讫点及中间必须通过的控制点间寻找可能通行的"路线带",连接起来即形成路线的基本走向。即在线路总方向确定后,从大面积着手由面到带进行总体线路布置的过程。一般在地形图上(1/50000~1/10000)进行总体布局,选出可能的线路走向方案,然后进行踏勘与资料收集,根据需要与可能,结合具体条件,通过比选落实必须经过的控制点,逐步缩小路线活动范围,进而定出大体的线路布局,为下一阶段定线工作奠定基础。总体规划和布局是通过线路视察,经过方案比较来完成的。

2. 逐段安排

这是在路线基本走向已经确定的基础上,以相邻主要控制点间划分段落,根据技术标准,结合其间具体地形、地质、水文、气候等自然条件,通过试坡展线方法逐段加密细部控制点,进一步明确线路走向。这一步工作的关键在于探索与落实局部线路方案,为实现具体定线提供可能的途径。这一步工作如做得细致,研究得深入周到,就可以减少之后不必要的改线与返工。逐段安排线路是通过踏勘测量或详细测量前的查勘线路来完成的。例如,翻越同一山岭垭口后是从左侧展线下山,还是从右侧展线下山;沿一条河是仅走一岸还是多次跨河两岸布线等都属于局部方案问题。

3. 具体定线

这是在逐段安排的小控制点间,根据技术标准并结合现场实际地形和复杂程度,内插出一系列的控制点,然后从这些点位穿出通过多数点的直线段,延伸相邻直线段的交点,即为线路的转角点。随后拟定曲线半径,具体定出线路位置,至此定线工作基本完成。这项工作的关键在于摸清地形情况,全面考虑前后线形衔接与平面、纵断面、横断面三个方面的综合关系,恰当地选出合适的技术指标,以使整个线形得以连贯协调。具体定线是在详测时完成的。

三、路线方案比较

方案比较是选线中确定路线总体布局的有效方法,在可能布局的多种方案中,通过方案比较决定取舍,选择出技术合理、费用经济、切实可行的最优方案。路线方案的取舍是路线设计中的重要问题,方案是否合理,不仅直接关系到公路本身的工程投资和运输效率,更重要的是影响到路线在公路网中的作用,直接关系到是否满足国家政治、经济及国防的要求和长远利益。

根据方案比较的深度不同,可分为原则性的方案比较和详细的方案比较两种。从形式上看,方案比较可分为质和量的比较。

1. 原则性的方案比较

对于原则性的方案比较,主要是质的比较,多采用综合评价的方法,这种方法不是通过详细计算经济和技术指标进行比较,而是综合各方面因素进行评比。主要综合因素有:

(1)路线在政治、经济、国防上的意义,国家或地方建设对路线使用任务、性质的要求,以及战备、支农、综合利用等重要方针的贯彻和体现程度。

(2)路线与工矿、城镇、农村的规划及其他运输方式的联系。路线在铁路、公路、航道等网系中的作用,与沿线工矿、城镇等规划的关系以及与沿线农田水利建设的配合及用地情况。

(3)路线受到沿线地形、地质、水文、气象、地震等自然条件的影响,要求的路线等级与实际可能达到的技术标准及其对路线使用任务、性质的影响。

(4)工程费用和技术标准情况。

(5)其他,如少占耕地,与沿线历史文物、革命史迹、旅游风景区的联系。

影响路线方案选择的因素是多方面的,而各种因素又多是互相联系和互相影响的,比选时应在满足使用任务和性质要求的前提下,综合考虑自然条件、技术标准和技术指标、工程投资、施工期限和施工设备等因素,精心选择,反复比较,才能提出合理的推荐方案。

2. 详细的方案比较

详细的方案比较是在原则性的方案比较之后进行的量的比较,它包括技术和经济指标的详细计算。一般多用于局部方案的分析比较。

1)技术指标的比选

(1)路线长度及其延长系数。

①路线总延长系数 λ_0。

$$\lambda_0 = \frac{L}{L_0} \tag{5-1}$$

式中:L——路线方案的实际长度,m;

L_0——路线起、终点间的直线距离,m。

②路线技术延长系数 λ_1。

$$\lambda_1 = \frac{L}{L_1} \tag{5-2}$$

式中:L_1——路线方案中各大控制点间的直线距离,m。

(2)转角数。包括全线的转角数 n(个)和每公里的转角数(个/km)。

(3)转角平均度数。转角是体现路线顺直的一种技术指标,转角平均数按式(5-3)计算:

$$\alpha = \frac{\sum_{i=1}^{n}\alpha_i}{n} \tag{5-3}$$

式中:α——转角平均度数,(°);

α_i——任意一个转角的度数,(°);

n——全线的总转角数。

(4)最大与最小平曲线半径,单位为 m。

(5)回头曲线的数目,单位为个。

(6)最大与最小纵坡。

(7)最大与最小竖曲线半径,单位为 m。

(8)与已有公路及铁路的交叉数目(包括平面交叉和立体交叉)。

(9)限制车速的路段长度(指居住区、小半径转弯处、交叉点、陡坡路段等)。

2)经济指标的比选

(1)路基土石方工程数量。

(2)桥涵工程数量(大桥、中桥、小桥涵的座数、类型及其长度)。

(3)隧道工程数量。

(4)挡土墙工程数量。

(5)征占土地数量及费用。

(6)拆迁建筑物及管线设施的数量。
(7)主要材料数量。
(8)主要机械、劳动力数量。
(9)工程总造价。
(10)投资成本—效益比。
(11)投资回收期。

3.方案比较的步骤和实例

1)方案比较步骤

一条较长的路线,可行的方案有很多,很难对每一种方案都进行实地视察和比选。但可以事先尽可能搜集已有资料,在室内进行筛选,然后对较好的、优劣难以辨别的有限个方案进行实地视察和比选。其步骤一般为:

(1)搜集资料。
(2)在小比例地形图上布局路线,初拟方案。
(3)室内初步比选,确定可比方案。
(4)实地视察、踏勘测量。
(5)进一步比选,确定推荐方案。

2)方案比较实例

(1)如图5-1所示,公路属于重庆市公路规划骨干网之一,也是北出重庆的快捷通道,其公路等级为高速公路,设计速度为80km/h,下面介绍其方案比选的过程,其技术经济指标汇总于表5-1。

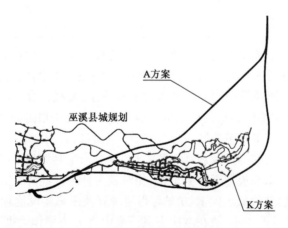

图5-1 A、K方案位置图

路线初选方案比较表 表5-1

序号	指标名称	单位	K 线	A 线	备 注
一	路线		K0+000~K10+300	AK0+000~AK8+496.852	
1	路线长度	km	10.3	8.496852	
2	最小平曲线半径	m	600	550	
3	最大纵坡	%	4	4	

续上表

序　号	指标名称	单　位	K　线	A　线	备　注
二	路基				
1	路基土石方	10000m³	122.19	122.24	
	土方	10000m³	36.66	36.70	
	石方	10000m³	85.53	85.64	
2	排水、防护	m³	154774	154844	
三	路面				
1	沥青混凝土路面	1000m²	73.32	73.33	
四	桥涵				
1	特大桥	m/座	0/0	0/0	
2	大桥	m/座	2946/7	1244/5	
3	涵洞	道	12	12	
五	隧道				
1	特长隧道	m/座	0/0	0/0	
2	长隧道	m/座	3079/2	2172/1	
3	中短隧道	m/座	202/1	1006/2	
六	桥隧比	%	60.5	52	
七	征用土地	亩	772.1	585.0	
八	工程造价				
1	建筑安装费	万元	80808	61673	
2	平均每公里建安费	万元	7845	7259	
3	估算金额	万元	121212	92510	
4	平均每公里造价	万元	11768	10889	

（2）方案比较。K方案从奉巫高速公路终点起沿S102南侧至巫溪县城东南部，跨河后从县城东侧穿隧道避过岩崩区进入大宁河谷，经两河口、徐家镇、龙泉乡，穿越大巴山至陕西境内。A方案上跨S102后经巫溪县城西北部进入大宁河谷，与K线汇合。

主要比较因素为地方城市规划与工程造价。地方城市建设规划协调性方面比较：由K、A方案位置图可以看出，A方案将巫溪县城一分为二，穿城而过，且所经地区当地政府已经开始进行部分开发建设，牵涉一定的拆迁及规划调整工作，并对未来县城建设有一定干扰；而K方案绕城而过，对城市建设及未来规划无冲突干扰，相对较为合理。经济性方面比较：A方案节省2.8亿元，且每公里平均造价低。但K方案与当地现有及未来建设比较协调，着眼未来，符合可持续发展和新农村建设的要求，故在本次方案研究中将K方案作为推荐方案。

任务二　平原地区选线

学习目标

（1）明确平原地区的自然特征。
（2）理解平原地区的布线方法。
（3）掌握平原地区的路线特征。

**任务描述**

路线在选线时必须考虑其所通过的地形、地质、水文条件,选择合理的位置来布设路线。本任务学生通过识读图中实际路线布设情况,讨论分析平原地区的地形特点、路线特点,理解平原地区路线布设时应考虑的问题。

**相关知识**

一、自然特征

平原主要是指一般平原、山间盆地、高原等地形平坦地区。

1. 地形特征

(1)地面起伏不大,自然坡度在3°以下。

(2)多为耕地、良田,地物障碍多。如各种建筑设施、居民点较多、较密,交通、通信、电力、排水等网系发达。

(3)水系渠网纵横交错,河网鱼塘分布较多。如天然河网、湖泊、水塘、河岔等。

(4)地下水位较高,取土困难,缺乏筑路材料,路基强度及稳定性受地下水影响较大。

2. 地质和水文特征

(1)一般不良地质现象较少,但有时会遇到软土、沼泽地段。

(2)地面平坦,地下水位较高,排水较困难,地面积水较多。

(3)河流较宽阔,比降平缓,泥砂淤积,河床低浅,洪水泛滥范围较宽。

3. 气候特征

在北方地区易出现冻胀现象,在有风沙流、风吹雪地区,易出现沙埋公路、雪阻等病害。

二、路线特征

平原地区地形对路线的约束限制不大,路线平面、纵断面、横断面三个方面的几何线形很容易达到标准,路线布置主要考虑地物障碍问题,其路线特征如下:

(1)线形好,标准高。平面线形顺直,以直线为主体线形,路线短捷,弯道转角一般较小,平曲线半径较大,线形指标较高。

(2)在纵面上,坡度平缓,横断面以低路堤为主。路线纵坡和填土高度主要受路线交叉中涵洞和通道的影响较大。

(3)便于旧路改造。由于平原区路线平、纵线形指标高,后期改造时多数路段往往可以被利用上,即可减少改造或改建工程造价。

三、布线要点

综合平原区自然和路线特征,布线时应着重考虑以下几点。

1. 以平面为主安排路线

(1)选线时,首先在路线起、讫点间把经过的城镇、工矿企业、农场、历史文物、旅游风景点等作为大的控制点,同时满足这些控制点的发展规划要求。

(2)在控制点间通过实地踏勘进一步根据地形条件和水文条件选择中间控制点,一般较大的建筑群、水电设施、交通设施、跨河桥位、互通式立交、铁路交叉、洪水泛滥线范围以外以及其他必须绕过的障碍物均可作为中间控制点。

(3)在中间控制点之间,无充分理由一般不设转角点。在安排平面线形时,既要使路线短捷、顺直,又要注意避免过长的直线,在可能的条件下应多采用转角小、半径大的长缓平曲线。

(4)纵断面线形应综合考虑桥涵、通道、路线交叉等建筑物的要求,合理确定路基设计高度。注意避免纵坡过于平缓造成的排水不良,或起伏过于频繁造成的视线不良。

2. 正确处理路线与农业的关系

1)路线应与土地规划、新农村建设、造田、护田相结合

(1)选线应根据其使用任务和性质,综合考虑路线区域的土地规划和新农村建设,满足地方交通工具的行驶及支农运输的要求,以方便群众,支援农业。

(2)结合当地的实际情况,反复衡量,布线要有利于造田、护田。

(3)路线通过河曲地带,当水文条件许可时,可考虑路线直穿、裁弯取直、改移河道(图 5-2),缩短路线(或减少桥涵)。当路线靠近河边低洼村庄或农田通过时,可考虑靠河岸布线,围滩造田、护村。

2)结合我国地少人多的国情,实行工程经济与运营经济相结合的原则

(1)严格控制侵占农用土地,在可能的条件下要尽量做到少占良田,不占高产田,见图 5-3。

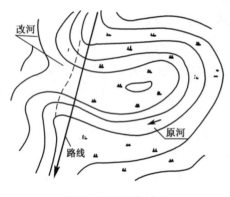

图 5-2 改移河道示意图

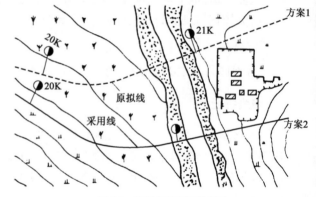

图 5-3 绕避农田的路线布设

(2)在不增加工程造价的情况下,尽量提高技术指标。
(3)在不降低技术指标的情况下,尽量降低工程造价。
(4)对运营费用、管养费用等方面因素,全面分析比较确定。

总之,既不能片面地追求路线平直而占用大量良田,也不能片面地使路线绕行,造成行车条件差。

3. 正确处理好路线与农田水利的关系

线路布置要尽可能与农业灌溉系统配合,除较高等级公路外,一般不要破坏灌溉系统,布线要注意尽量与干渠平行,减少路线与渠道相交,最好把路线布置在渠道的上方非灌溉区一侧或渠道的尾部。

当路线通过水塘时,最好设于水塘一侧,并拓宽水塘取土筑路,既可使水塘面积不致缩小,

又解决了借土问题,见图 5-4。

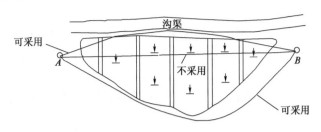

图 5-4 灌溉区路线布设

4. 处理好公路与城镇的关系

(1)国防与高等级干线公路,应尽量避免直穿城镇、工矿区和居民密集区,以减少相互干扰。但考虑到公路对这些地区的服务性能,路线又不宜相离太远,必要时还应考虑支线联系。做到"近村不进村,利民不扰民",既方便运输,又保证安全。布线时注意与地区规划相结合。

(2)一般沟通县、乡、村,直接为农业运输服务的公路,经地方同意可穿越城镇,但要注意有足够的视距、行车道宽度(应考虑行人的需要)和必要的交通设施,以保证行人和行车的安全。

(3)路线布设应尽量避开重要的电力、电信及其他重要的管线设施,当必须靠近或交叉时,应遵守有关净空和安全距离的规定。

5. 处理好路线和桥位的关系

(1)大、中桥位往往是路线的控制点,应在服从路线总方向的原则下,将路、桥综合考虑,选择有利桥位,布设路线。既要防止只顾路线顺直,不管桥位条件,使桥跨困难,又要防止片面强调桥位,使路线绕线过长,标准过低。一般情况下,桥位中线应尽可能与洪水主流流向正交,桥梁和引道都在直线上。桥位应选在河床稳定、河道顺直、河面较窄、地质良好等水文地质、跨河条件较好的河段。如图 5-5 所示,有三个跨河方案。丙线方案跨河时正交,桥位选择最好,但线形曲折,不利行车;乙线方案跨河时正交,路线线形好,但桥位处于河曲段,跨河不利;甲线方案跨河斜交,桥梁较长,但路线顺适,涵洞设施较少,故为可取方案。

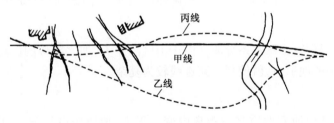

图 5-5 桥位方案

(2)小桥涵位置原则上应服从路线走向,但遇到斜交过大(夹角大于45°时)或河沟过于弯曲时,可考虑采取改沟或改移路线的办法,调整交角,布线时应比较确定。

6. 注意水文条件,确保路基稳定

(1)在低洼地区布线时,应尽可能沿接近分水岭的地势较高处布线,以使路基具有较好的水文条件。

(2)路线通过排水不良的低洼地带,布线时要注意保证路基最小填土高度。低填及个别挖方地段要注意排水处理。

(3)路线要避免穿过较大湖塘、水库、泥沼地带,不得已时应选择最窄、最浅和基底坡面较平缓的地方通过,并采取保证路基稳定性的措施。

(4)沿河布线时,应注意洪水泛滥对路线的影响,一般应布线于洪水泛滥线以外。必须通过泛滥区时,桥梁、路基应有足够的高度,以免洪水淹没,并应对路基边坡防护加固,避免冲毁。

任务三　山岭区选线

(1)理解山岭地区的自然特征。
(2)明确山岭地区的路线特征
(3)掌握山岭地区的布线形式及对应的布线要点。

山岭地区地形、地质、水文情况复杂多变,给选线工作带来很大的困难,但其山脉水系分明,又给选线提供了一定方向,路线从起点到终点布线要么顺山沿水,要么横越山岭,就形成了沿溪线、山腰线、山脊线、越岭线。本任务要求学生结合选线案例,在看懂地形图的情况下,理解不同路线的布线要点。

一般按照公路行经地区的地貌和地形特征,山岭区路线可分为沿河(溪)线,山腰线、越岭线和山脊线四种。

一、自然特征及路线特征

山岭地区包括分水岭、起伏较大的山脊、陡峻的山坡,一般地面自然坡度在20°以上。

1. 地形条件

山高谷深,地形复杂,山脉水系分明。由于山区高差大,加之陡峻的山坡和曲折幽深的河谷,形成了错综复杂的地形,这就使得公路选线较为复杂。

2. 地质条件

山区的地质层理和地壳性质在短距离内变化很大,地质构造复杂,不良地质现象(如岩堆、滑坡、崩塌、碎落、泥石流等)较多,这直接影响着路线的位置和路基的稳定。因此,在山区选线工作中,认真做好地质调查,掌握区域地貌和地质情况,摸清地质不良现象的规律,处理好路线与地质的关系,并在选线设计中采取必要的防护措施,对于确保路线质量和路基稳定具有十分重要的意义。另外,山区石多、土薄给公路建设提供了丰富的建筑材料。

3. 水文条件

山区河流曲折迂回,河岸陡峻,比降大、水流急;雨季暴雨集中,洪水历时短暂、猛涨猛落,流速快、流量大,冲刷和破坏力大。这样复杂的水文条件,要求在选线中正确处理好路线和河流的关系;选择好桥位并对路基和排水构造物采取必要的加固措施,确保路基稳定。

4. 气候条件

变化的山区地形和地貌,引起多变的气候。一般山区气温较低,冬季多冰雪(特别是海拔较高的山区),一年四季和昼夜温差很大,山高雾大,空气较稀薄,气压较低。这些气象特征对于汽车行驶的效率、安全和通行性能都有很大影响,选线时应充分考虑。

5. 路线特征

由于山区自然条件复杂,地形变化很大,给山岭区选线带来了很大的难度。但山岭区山脉水系分明,这也给山区公路走向提供了依据,为选定路线的基本走向、确定大的控制点指明了方向。一般情况下,公路路线的走向只有两种:顺山沿水方向和横越山岭方向。顺山沿水的路线,按其线位的高低,从低到高又可分为沿溪(河)线、山腰线和山脊线。一条较长的山区公路往往是由走向不同和线位高低不同的几种路段交互组合而成的。这使得路线在平面、纵断面、横断面三个方面受到很大限制,因而技术指标一般多采用低限。在所有自然因素中,高差急变是主导因素,因此,在路线布设时,一般多以纵断面线形为主安排路线,其次是横断面和平面。在选线时要注意分析平面、纵断面、横断面三个方面的因素,结合影响路线的主要自然因素,综合考虑,求得协调合理。下面按山区不同地形条件,讲述选线的要点和规律。

二、沿溪线

1. 路线特点

沿溪线是指公路沿河岸方向布设的路线,见图 5-6。其基本特征是路线总的走向与等高线一致。

1)沿溪线的优点

(1)一般有台地利用,路线线形较好,走向明确。

(2)河床纵坡一般都比路线纵坡小(个别纵坡陡峻、跌水河段除外),平面受纵断面线形的约束较小,路线纵坡不受限制。

(3)沿溪线傍山临河,砂、石、水等材料丰富,便于施工、养护就地取材。

(4)山区城镇和居民点大多傍山近水,路线沿河分布,能更好地为沿线居民点服务,发挥公路的使用效益。

(5)海拔低,气候条件较好,对施工、养护、运营有利,特别在高寒地区更为有利。

2)沿溪线的缺点

(1)路线临水较近,受洪水威胁较大。

(2)峡谷河段,路线线位移动的余地很小,避让不良地质地段难度较大。

(3)在路线通过陡岩河段时,工程艰巨、工程量集中、工作面狭窄,给公路测设和施工带来很大困难。

(4)沿溪线线位低,往往要跨过较多的支沟,桥涵及防护工程较多。

图 5-6 沿溪线

(5)河谷两岸台地往往是山区较好的农田耕作地,筑路占地与农田及其水利设施的矛盾较为突出。

(6)河谷工程地质情况复杂,河谷的两岸通常处于路基病害如滑坡、岩堆、坍塌、泥石流的下部,路线通过时,容易破坏山体平衡,给公路的设计、施工、养护、运营带来困难。

2. 布线要点

路线布设的首要任务就是利用有利条件,避让不利条件。沿溪线主要是处理好河岸的选择、线位高低的确定、跨河地点的选择三个关键问题。这三个问题是相互联系、相互影响的,路线布设中应抓住主要矛盾,根据公路的性质和技术等级,因地制宜地解决问题。

1) 河岸选择

沿溪线两岸情况不尽相同,往往优缺点并存,选择时应深入调查、全面权衡、综合比较确定。主要应考虑以下几个方面的因素:

(1)地形、地质、水文条件。路线应优先选择在地形宽坦,有阶地可利用,支沟较少、较小,水文及地质条件良好的一岸。

如图5-7所示,乙方案为避让河左岸的两处断续陡崖,跨河利用地形较好的右岸,但过夏村后,右岸出现更陡更长的悬崖,路线又须跨回左岸,两次跨河,须建中桥两座。甲方案一直走左岸,虽要集中开挖一段石方,但较建两座中桥经济得多,因此不宜跨河换岸。

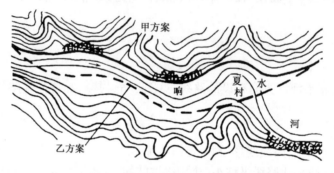

图5-7 跨河换岸的布线方案比较

(2)气候条件。主要是在积雪冰冻地区,阳坡和阴坡、迎风面和背风面的气候条件差异很大,在不影响路线总体布局的前提下,一般走阳坡面和迎风面比较有利,可以减少积雪和流冰对公路行车的影响。

(3)中间主要控制点的影响。

①城镇、工矿和居民点的分布。高等级公路和国防公路,为了避免大量拆迁和不妨碍城镇发展等原因,一般采取绕避。

一般路线应选在工矿企业较集中、村镇较多、人口较为密集的一岸,以促进山区的经济发展和方便居民出行。

②农田、水利分布情况。当河流一侧为良田,另一侧地形、地质不复杂时,应选择绕避良田。遇有引灌渠道与路线平行时,若两岸地形、地质条件接近,宜各走一边避免干扰。当必须选在同一岸时,线路位置最好设在灌渠上方。

③其他因素影响。通过名胜古迹地区的公路,应注意保护原有自然状态,并注意与周围环境、景观相协调,严禁损坏重要历史文物遗址。

(4)路线等级标准、两岸施工和养护以及投资情况。路线等级较高、跨河较易时,为了满足路线线形要求,降低施工难度,提高施工、养护、运营等条件,在资金允许的情况下,可充分利用两岸有利地形往返跨河。

具备上述有利条件的一岸即为选线时应走的河岸,但这些有利条件不会全部集中于一岸,有时交替出现在两岸,此时就需要深入调查,进行技术论证和经济比较,最终确定一个合理的方案。

2)线位高低的确定

线位高低是路线纵断面线形布局的问题。路线沿岸布设高度,首先考虑洪水的威胁。不管是高线位还是低线位,均应在设计洪水位以上一定安全高度。因此,在选线中应认真做好洪水位调查工作,以确保路线必需的最低线位高度。

(1)低线位:指路基高出设计洪水位不多,路基一侧临水很近的布线方案。

主要优点:

①地形较好。一般情况下有台地可以利用,平面线形较顺适,纵断面起伏不大,易达到标准。

②路线低,填方边坡低,土石方数量少,边坡较稳定,路线活动余地稍大,跨河利用有利条件和避让不利条件较容易。

③养护、施工材料来源方便:砂、石、水资源丰富,可以就地取材,降低造价。

④从养护来看,路基破坏后因线位低改线抢修也很快。

主要缺点:

①线位低,受洪水威胁大,通常防护工程较多。

②低线位多在沟口附近跨越支沟,桥涵孔径较大,基础工程也较困难。

③路线与农田矛盾较大,处理废方比较困难。

(2)高线位:指路线高出洪水位较多,完全不受洪水威胁的布线方案。其路线特征与山坡线相近。

主要优点:

①无洪水影响,防护工程较少。

②废方处理问题不突出,当采用台口路基时,路基比较稳定。

主要缺点:

①由于线位高,路线势必随山形走势绕进绕出,平面线形较差,工程量大。

②路线过高,为降低桥梁工程造价,常需展线急下才能跨河;跨支沟的桥涵构造物较高、较长,工程费用较高。

③路基多用台口路基,路基支挡、防护、加固工程较多,挖方大,废方较多。

④遇到不良地质地带,难以避让或处理。

⑤施工和养护取料、用水困难。

综上比较,一般情况下,低线优于高线,无特殊困难时,在满足设计洪水位条件下,一般以低线位为主,认为路线越低,工程越经济,线形越好;当有大段的较高阶地可供利用时,也可结合路线的具体条件,局部路段采用高线位;沿溪线布设时,很难在全线保持一种线位,为了利用有利地形、避让不利地形和地质条件,可能需要交替使用低线与高线,此时只要有适宜的升、降坡展线的地段即可。

3)桥位的选择

沿溪线跨越主河的桥位往往是确定路线走向的控制点,它与河岸的选择是相互依存的,除需要充分考虑河床的稳定、河面的宽窄及水文地质条件外,还应注意桥位与路线配合,使河的两岸有良好的布线条件。

(1) 利用河曲河段跨河。当沿溪线与河谷走向平行,线性较差,需要跨越河流时,可利用河曲河段跨河,但应注意防止河曲地段水流对桥台的冲刷,采取必要的防护措施。如图5-8所示。

(2) 利用"S"形河段跨河。由于沿溪线与河谷走向平行,遇"S"形河段,线形较差而选择跨主沟时,往往形成"之"字形路线,桥头平曲线半径较小,线形差。此时,将跨河位置选在"S"形河段的腰部,可使桥头线形得以显著改善。如图5-9所示。

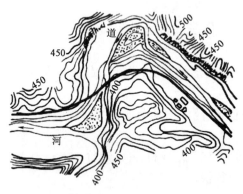 

图5-8 利用河曲有利地形跨河　　　　图5-9 利用"S"形河段跨河

(3) 适当斜交改善桥头线形。路线跨越河流,在直宽河段时,没有河曲或"S"形河段可利用,由于沿溪线与河谷走向平行,桥梁与河流垂直,往往形成"之"字形路线,桥头平曲线半径较小,线形差。对于中、小桥可用适当斜交的方法改善桥头线形,对于大桥不宜斜交时,可对桥头路线适当处理,如图5-10中实线方案所示,可改善桥头线形,争取较大半径。

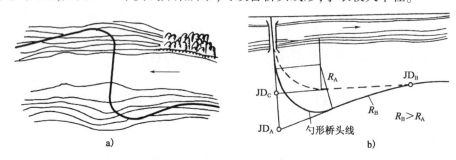

图5-10 正交桥位改善桥头线形措施

三、越岭线

越岭线是指翻越山岭布设的路线。两个控制点位于山岭(山脊)的两侧,路线需要由一侧山麓升坡至山脊,在适当的地点穿过垭口,然后从山脊的另一侧降坡而下。

1. 路线特点

路线需要通过展线克服较大的高差,其长度和平面位置的确定受纵断面设计影响较大,但在做纵断面设计时,必须结合平面线形和路基的横向布置,以控制路线的技术标准及工程量大小。

(1)越岭线布线优点:布线不受河谷限制,灵活性较大,不受洪水威胁及影响,路基稳定,桥涵及防护工程较沿溪线少。

(2)越岭线布线缺点:路线里程较长、线形较差、技术指标较低;施工、养护、运营条件差,服务性差。

2. 布线要点

越岭线布设应解决的主要问题是垭口的选择、过岭高程的确定和垭口两侧路线展线方案的拟定。这三者是相互联系、相互影响的,布设时应综合考虑。

1)垭口的选择

垭口是分水岭山脊上的凹形地带(又叫鞍部),由于高程低,常常是越岭线的重要控制点。垭口的选择应在符合路线总方向的前提下,综合各方面因素,从可能通过的地带中根据其高程、位置、两侧地形、地质条件及气候条件反复比较确定。

(1)位置的选择。垭口位置的选择应在符合路线基本走向的前提下,与两侧路线展线方案一起考虑。首先选择高程较低且展线后能很快与山下控制点直接相连的地带。其次再考虑稍微偏离路线方向,但是接线较顺、增加路线里程不多的地带。如图 5-11 所示。

(2)海拔的高低。垭口海拔的高低及其与山下控制点的高差,直接影响路线展线长度、工程数量大小和运营条件。在展线条件相同时,垭口降低的高度 Δh 和缩短的里程 Δl 有如下的关系:

图 5-11　垭口位置的选择

$$\Delta l = 2 \cdot \Delta h \cdot \frac{l}{i_p}$$

式中:i_p——展线的平均坡度,一般为 5% ~ 5.5%。

由上式可知,若垭口降低 50m,可缩短里程 2km(i_p 采用 5%)。在地形困难的山区,减少 2km 公路节省的造价是相当可观的,同时,运营费用也得以减少。

另外,在高寒地区,低垭口对于行车和养护都是有利的。

(3)垭口及两侧山坡地形、地质条件。垭口的地质病害往往会在运营的过程中形成通过的"盲肠",选择垭口时要重视垭口的地质问题。对地质条件很差的垭口,用局部移动路线或采取工程措施的办法亦不能解决的,应予放弃。

山坡线是越岭线的重要组成部分。而山坡坡面的曲折与陡缓、地质的好坏等情况直接关系到路线的标准和工程量的大小。因此,垭口选择要与侧坡展线条件结合考虑。选择时,如有地质稳定、地形平缓有利于展线的侧坡,即使垭口位置略偏或垭口较高,也应比较,不要轻易放弃。

2)过岭高程的选择

过岭高程是越岭线布局的重要控制因素。不同的控制高程,不仅影响工程大小、路线长短、线形质量,而且直接关系到垭口两端的展线布局。如图 5-12 所示,由于选用了不同的挖深出现了三个展线方案:甲方案浅挖 9m,需设两个回头弯道;乙方案挖深 13m,只需设一个回头弯道;丙方案挖深 20m,不设回头弯道,顺山势展线。丙方案线形好,路线最短,有利于行车,在地质条件许可时是较好的方案。

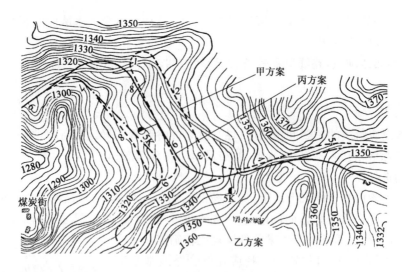

图 5-12 垭口高程和展线

(1) 决定过岭高程的因素。

①垭口及两侧的地形。当过岭地段山坡平缓,垭口宽厚时,一般宜多展线,用浅挖或低填的方式。

②垭口的地质条件。这是决定垭口能否深挖的决定因素,若考虑不周,以后会形成坍塌阻车造成后患。垭口处地质通常是构造薄弱且有不良地质现象的山脊凹陷地带。如图 5-13 所示,地质条件较差的垭口有以下类型:

a. 松软土侵蚀型垭口。这是由坡积或沉积形成的土层,经长期侵蚀而形成的山脊低凹地。当土质松软、地下水较严重时,不宜深挖,并在可能的条件下尽量绕避。

b. 软弱岩层垭口。这是在有单斜硬软岩交互层的地带,软岩层经雨水和风化作用长期侵蚀形成的垭口。从外形看,垭口一般不对称。一般岩层外倾侧的边坡渗水性强、稳定性差,常引起顺层滑坡,不宜深挖。

c. 构造破碎带垭口。这是由地层褶曲部或断层带经侵蚀风化所形成的垭口。这类垭口岩层破碎、地表水容易下渗,路基及边坡稳定性差,是地质条件最差的地带。特别是图 5-13 中断

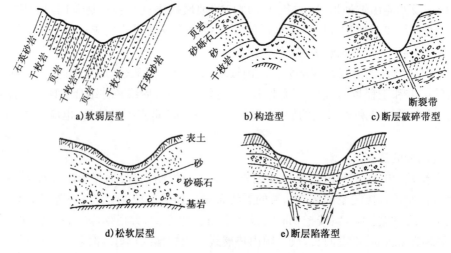

图 5-13 构造破碎带垭口

层破碎带型垭口和断层陷落型垭口最为不利。对这类垭口一般应绕避,必须通过时,不能深挖,并结合岩层破碎程度、风化情况、断层及地下水状况慎重决定开挖深度,并要采取加固及排水措施。

(2)过岭的方式有以下三种:

①浅挖低填垭口。当越岭地段的山坡平缓、容易展线、垭口地带的地形宽且厚时,宜采用浅挖或低填的形式通过,此时过岭高程与垭口高程基本一致。

②深挖垭口。当垭口比较瘦薄时,常采用深挖的方式通过,虽然深挖处的土石方数量集中,但有效地降低了过岭高程,缩短了展线长度,而且改善了行车条件。深挖的程度应视地形、地质、气候等条件,以及展线对过岭高程的要求而定,一般不应超过20m,此时的过岭高程为深挖后的高程。

③隧道穿越。当垭口挖深较大时,采用隧道过岭的方式可能作为终选方案。采用隧道穿越山岭具有路线短、线形好、有利于行车、战时隐蔽、受自然因素影响小、路基稳定等特点。特别是在高寒地区,隧道穿山,海拔低,不受冰冻、积雪等的影响,大大改善了运营条件。但由于隧道造价高,工期长,受地质条件影响较大,因此,是否采用隧道必须做方案比选。

在采用隧道方案时,应注意以下几点:

a. 必须做好方案比较,有充分的理由方可采用。主要是修建隧道与缩短路线里程的比较、隧道投资与运营费的比较、明挖与隧道方案的比较、施工期限的限制。

b. 注意地质问题,隧道是在岩土内的地下建筑物,周围岩体的稳定性直接影响隧道的设计、施工、养护及运营。

c. 隧道定位宜选在山脊薄、山坡陡、垭口窄的部位,以缩短隧道长度。

d. 在不过分增加工程造价的情况下,尽可能将隧道高程定得低一些,以改善路线条件,发挥隧道优势。

3)展线布局

展线就是采用延长路线的办法,逐渐升坡克服高差。展线的基本形式有三种,如图5-14所示。

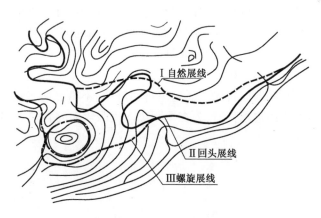

图5-14 越岭线展现形式

(1)自然展线。见图5-14中Ⅰ方案,指当山坡平缓、地质稳定时,路线利用有利地形以适当的纵坡来延展路线,均匀升坡至垭口的方式。

其优点是:符合路线的基本走向,平面线形较好,里程短,纵坡均匀,技术指标较高。

其缺点是:路线避让艰巨工程和不良地质的自由度不大。

(2)回头展线。指利用回头曲线展线升坡至垭口的方式。

其优点是:能在短距离内克服较大的高差,并且回头曲线布线灵活,利用有利地形避让艰巨工程和地质不良地段的自由度较大。

其缺点是:平曲线半径小,同一坡面上下线重叠,对设计、施工、养护及行车都不利。图 5-15 为利用有利地形,布设回头曲线展线的实例。

图 5-15 回头展线

注意:回头位置对于回头曲线的线形和工程大小以及展线布局有很大关系,选择时应反复调查,多方比较,慎重确定。回头地点在满足展线布局的前提下,宜选在横坡平缓,地形开阔,以使上下线路能布置的地点;相邻回头曲线间距应尽量拉长,以减少回头次数,利用时要与纵坡安排相结合,既不能因回头位置过高利用不上,也不要使其位置过低导致纵坡损失过大而增长路线。

一般较肥厚的山包,山脊平台,平缓的山坡、山沟、山坳及岔沟间的缓坡台地均是回头的有利地形,布线时要注意利用,见图 5-16。

(3)螺旋展线。当路线受到地形、地质限制,需要在某一处集中提高或降低一定高度才能充分利用前后的有利地形时,可以采用螺旋展线的方式。见图 5-17、图 5-18。

其优点是:路线转角大于 360°,路线利用有利的山包或瓶颈形山谷,在很短的平面距离内就能克服较大的高差,比回头曲线有较好的线形,避免了路线的重叠。

其缺点是:需建桥或隧道等结构物,工程造价较高。

以上三种展线形式中,一般应首先考虑采用自然展线;不得已时采用回头展线;当地形十分困难,又有适宜的山谷或山包条件时,为在短距离内克服较大的高差,可考虑螺旋展线,但需做方案比选。

四、山脊线

1. 路线特征

山脊线是指大致沿分水岭方向所布设的路线。山脊线的平面线形随分水岭的曲折而弯曲,纵断面线形随控制垭口间的高差变化而起伏。山脊线一般不单独使用,多与山坡线相结合,作为越岭线垭口两侧路线的过渡段。能否采用部分山脊线,必须有适宜的山脊。一般服从路线走向,分水线平顺直缓,起伏不大,岭脊肥厚,垭口间山坡的地形、地质情况较好的山脊是较好的布线条件。

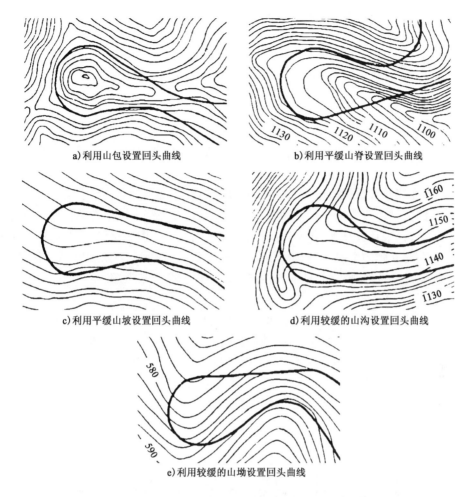

图 5-16 回头展线

图 5-17 上线桥螺旋展线

图 5-18 下线隧道螺旋展线

1) 山脊线的有利条件
(1) 当山脊条件好时,山脊线一般里程短,土石方工程量小。
(2) 水文、地质条件好,路基病害少、稳定,地面排水条件好。

(3) 山脊沟谷少且小,桥涵人工构造物少。

2) 山脊线的不利条件

(1) 线位高,远离居民点,服务性能差。

(2) 山势高、海拔高、空气稀薄,冬季云雾、积雪、结冰较大,对行车和养护都不利。

(3) 远离河谷,砂石材料及施工用水运输不便。

2. 布线要点

由于分水线的引导,山脊线的走向基本明确。布线主要解决以下三个问题。

1) 控制垭口的选择

在山脊上,连绵布置着很多垭口,每一组控制垭口代表着一个方案。因此,选择控制垭口是山脊线布线的关键。一般当分水岭顺直,起伏不大时,几乎每个垭口均可暂作控制点。如地形复杂,山脊起伏较大且较频繁,各垭口高低悬殊时,则低垭口即为路线控制点,而突出的高垭口可以舍去。在有支脉的情况下,相距不远的并排垭口,选择前后与路线联系较好的、路线较短的垭口为控制点。选择垭口时,还应与两侧布线条件结合起来考虑。

2) 侧坡选择

分水岭的侧坡是山脊线的主要布线地带。选择哪一侧山坡,要综合分析比较确定。一般情况下,坡面平缓、整齐、顺直,路线短捷,地质稳定,横隔支脉较少,向阳的山坡布线较为理想。

图 5-19 中 A、D 两垭口为前后路线走向基本确定的控制点,其间有 B、C、E 三个垭口,由于 C 垭口较高,将使路线起伏较大,不予考虑。甲方案走左侧山坡,路线短捷、线形顺直,但其横坡较陡,需穿过一陡岩并跨越一较深山谷。乙方案走右侧山坡,路线较长,平面线形稍差,但纵坡平缓,横坡也较平缓,工程量较小。甲乙方案各有利弊,需进一步放坡试线,结合其他因素综合比较确定。

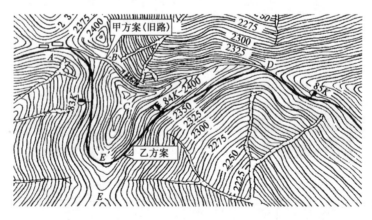

图 5-19 山脊线侧坡选择

3) 试坡布线

山脊线有时因两垭口控制点间高差较大,需要展线;有时为避免路线过于迂回要采用起伏纵坡,以缩短里程。因此,常常需要试坡布线。常见的有三种情况:

(1) 垭口间平均纵坡不超过规定,如中间无太大的障碍,应以均匀坡度沿侧坡布线。若中间遇到障碍,则可以加设中间控制点,调整坡度,向两端垭口按均匀坡度布线。图 5-19 中的甲方案就是以中间支脉垭口为中间控制点向两端试坡布线的。

(2) 垭口间平均纵坡超过规定,选线时,应根据地形、地质条件,采用填挖、旱桥、隧道等工程措施来提高低垭口,降低高垭口。也可利用侧坡、山脊有利地形作回头展线或螺旋展线。

(3)垭口间有支脉相隔,此时应在支脉上选择合适的垭口作为中间控制点。图 5-19 中支脉上的 C、E 两垭口,C 垭口因过高而被舍弃,为了进一步比较甲、乙方案,从低垭口 D 以 5% ~ 5.5% 的坡度向垭口 E 试坡,定出 E 控制点,其工程量小,施工较易,交通量不大时宜采用。

任务四　丘陵区选线

(1)明确丘陵地区的自然特征。
(2)理解丘陵地区的路线特征。
(3)掌握丘陵地区的布线要点。

丘陵地区地形介于平原和山岭之间,山丘连绵起伏、山脉水系不够明显,路线方案较多,要布设出一条合理的路线,应进行多个方案的比较。本任务要求学生结合工程案例中的丘陵地区路线设计图理解丘陵地区的自然特征、路线特征并掌握其布线要点和方法。

一、自然特征

丘陵是介于平原和山岭区之间的地形,包括微丘和重丘两类地形。其地形特征是:山势平缓起伏,山丘连绵,岗坳交错,山形迂回曲折,高差不太大,横坡不太陡,山脉和水系不如山岭区明显,具有多变的地形、地貌特征。

微丘是指起伏不大的丘陵。地面自然坡度在 20° 以下,相对高差在 100m 以内,路线一般不受地形限制。

重丘是指连绵起伏的山丘,具有较深的沟谷和较高的分水岭,地面自然坡度在 20° 以上,路线平面、纵断面部分受地形的限制。

丘陵区变化的地形,使地物情况的变化也较大。一般丘陵区农业都比较发达,土地种植面积广,种类繁多,低地为水稻田,坡地多为旱地或经济作物林,小型水利设施也较多。居民点、建筑群、风景、文物点及其他设施在平坦地区时有出现。这些地点是布线应考虑的控制点。

二、路线特征

丘陵复杂多变的地面形态,决定了通过丘陵地区的路线的基本特征是:平面以平曲线为主体,纵断面线形起伏,构成与地形相适应的空间线形,见图 5-20。丘陵地区线形的主要特点是:

(1)局部方案多。由于丘陵区的山冈、谷地较多,路线走向的灵活性大,可行的布线方案一般比较多,一条路线的最终确定往往需要经过多方个案的比选。

(2)路线平面、纵断面、横断面关系密切,相互之间的约束和影响很大。路线平面、纵断面、横断面三个方面需要相互协调、密切配合,否则,将直接影响路线的技术标准和营运质量。

(3)丘陵地区线形指标一般较好,但线形指标运用时变化幅度较大。

(4)路基形式以半填半挖为主。由于丘陵区的地形特点决定了路线所经地面常有一定的横坡,但是横坡一般并不太陡,为节约耕地,应采用半填半挖为主的路基形式。

(5)路线与农林用地和水利设施的矛盾较大。

图 5-20　丘陵地区的公路

三、布线要点

丘陵区选线主要是解决平面、纵断面、横断面三个方面与错综复杂的地形之间的矛盾。结合地形合理选用指标,使平面适当曲折,纵断面略有起伏,横断面稳定经济,达到平面、纵断面、横断面三个方面与地形协调一致是丘陵区选线的根本任务。丘陵地区布线,一般按三类地形地带分段布线,其要点如下。

1. 平坦地带——走直线

在控制点之间,地势平坦,一般按平原区布线方式布线。

(1)无地物、地质障碍或风景旅游区、文物、城镇居民点,一般应按直线布线。

(2)有障碍物或不可侵犯点,则应加设中间控制点以小转角、长曲线为主。

2. 斜坡地带——走匀坡线

"匀坡线"是指两点之间沿自然地形,以均匀坡度确定的地面点的连线,如图 5-21 所示。匀坡线是通过多次试坡求得的。

(1)当两控制点之间无障碍等因素影响时,可直接按匀坡线布设。

(2)若有障碍等,则在障碍处加设中间控制点,分段按匀坡线控制。

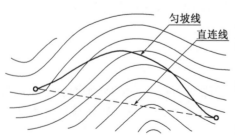

图 5-21　匀坡线示意图

3. 起伏地带——走中间

起伏地带实际可视为斜坡地带(上坡和下坡地

带)的组合,只不过是地面横坡较缓,匀坡线很迂回。所谓"走中间",就是路线在匀坡线和直线之间选择平面顺适,纵断面均衡的合理路线。

如果路线布设于匀坡与直线之间,如图 5-22 中的 Ⅰ 方案或Ⅱ方案,比直线的起伏小,比匀坡线的距离短,而使用质量有所提高,工程造价有所降低,是较合理的布线方案。至于路线在直线及匀坡线之间的具体位置,要根据公路等级,结合地形作具体分析,从使平面、纵断面、横断面协调来确定。

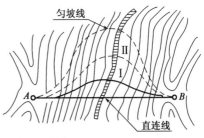

图 5-22 起伏地带路线方案

(1)对于起伏较小的地带,要在坡度平缓的前提下,考虑平面和横断面的关系。

①一般是低等级公路为减少工程造价,平面上可迂回长一些,即离直线稍远些。

②较高等级公路则宁可多做些工程,也要尽可能缩短距离,路线位置可离直线近一些。

(2)对于较大的起伏地带,因高差大且两侧高差常不相同,高差大的一侧的坡度常常是布线的决定因素。一般以高差大的一侧为主,结合填挖高度来确定路线的平面位置。

总之,丘陵地区选线时,可通过方案较多,地面因素也多,方案之间差异有时不太明显,这就要求选线人员要加强踏勘调查,用分段布线、逐步渐近的办法,详细分析比较,最后选定一条合理的路线。

在电子地形图上结合不同地形选好路线位置时,通过全站仪或 GPS 测设中桩位置测设,若中桩位置测设在实际地面上比较合理,路线即定线,否则需要重新结合测设情况,在地形图上进行路线的调整,调好中线位置后继续测设,直到每个中桩位置都较合理,道路中线即可确定,也就完成了公路中线的定线工作。

任务五　公路外业勘测

(1)明确公路外业阶段的划分及对应的任务。
(2)掌握公路外业测量内容及其精度要求。
(3)明确外业工作的任务、内容及方法。
(4)掌握外业分组情况及相应的实施方法。

公路路线位置的确定,通常是在外业勘测资料的基础上进行的。公路外业工作的精细程度直接影响内业路线的定线是否合理,进而影响了工程造价的大小,故公路的外业勘测在路线设计阶段是比较重要的环节。为了保证公路勘测的质量,公路的外业勘测分为公路初测和公路定测两个阶段,本项目结合设计文件前的基础资料,引导学生学习公路设计阶段公路外业勘测各阶段的任务、目的、工作内容及实施过程。

 相关知识

一、公路初测

1. 初测目的与任务

(1)目的：根据批复的《工程项目可行性研究报告》所拟定的修建原则和路线基本走向,通过现场对各有价值方案的勘测,从中确定采用的路线,搜集编制初步设计文件的资料。

(2)任务：对路线方案作进一步的核查落实,并进行导线、高程、地形、桥涵、路线交叉和其他资料的调查工作,进行纸上定线和有关的内业工作。

2. 初测的准备工作

1)搜集资料

为满足初步设计的需要,初测前应搜集、掌握以下资料：

(1)可供利用的各种比例地形图、航测图、三角点、导线点、水准点资料。

(2)了解沿线自然地理概况,收集沿线的工程地质、水文、气象、地震基本烈度等资料。

(3)搜集沿线农林、水利、铁路、公路、航道、城建、电力、环保等有关部门的规定及规划、设计、科研成果等资料。

(4)对于改建公路还应收集原路的测设、施工及路况等档案资料。

2)室内研究路线方案

根据工程可行性研究报告拟定的路线基本走向方案,在地形图上进行各可行方案的研究,经过对路线方案的初步比选,拟定出需要勘测的方案(包括比较线)及现场需要重点调查和落实的问题。

3)现场踏勘

初测前,应组织路线、地质、桥涵等专业的主要人员,进行现场路线方案的核实工作,必要时邀请当地政府和有关部门派员参加。核实的主要内容和要求如下：

(1)核查所搜集的地形图与沿线地形、地物有无变化,对拟定的路线方案有无干扰,并研究相应的路线调整方案。

(2)核查沿线居民的分布、农田水利设施、主要建筑设施,并研究相应的路线调整方案。

(3)核查各种地上、地下管线,重要历史文物、名胜古迹、旅游风景区、自然保护区等,注意路线布设后,对环境和景观的影响。

(4)对沿线重点工程和复杂的大中桥、隧道、互通式立体交叉等,应逐一核查落实其位置与设置条件。

(5)了解沿线主要建筑材料的产地、质量、储量和采运条件,对缺乏的筑路材料应提出解决的途径。

(6)核查工作应与当地政府或主管部门取得联系,对重要的路线方案、同地方规划或设施有干扰的方案,应征求相关部门的意见。

4)其他资料调查

(1)了解沿线地形情况,拟订路线途经的地形分界位置。

(2)了解沿线涉及测量工地的地形、地貌、地物、通视、通行等情况,拟订勘测工作的困难类别。

(3)调查沿线生活供应、交通条件等情况。

5)资料整理

通过收集资料和现场的核实调查,应给出如下资料:

(1)根据已掌握的资料,概略说明沿线的地形、河流、工程地质、水文地质、气象等情况,指出采用路线方案的理由,提供沿线主要工程和主要建筑材料情况,提出勘测中应注意的事项、需要进一步解决的问题等。

(2)估计野外工作的困难程度和工作量,确定初测队伍的组织及必需的仪器和其他装备,并编制野外工作计划和日程安排。

(3)提出主要工程(如桥涵、隧道、立交等)的工程地质勘查工作量和要求。

3. 初测内容及步骤

初测由初测的外业测量队分组进行,主要内容、步骤及要求如下。

1)平面控制测量

(1)公路平面控制测量,包括路线、桥梁、隧道及其他大型建筑物的平面控制测量。平面控制网的布设应符合因地制宜、技术先进、经济合理、确保质量的原则。

(2)路线平面控制测量宜全线贯通,统一平差。

(3)平面控制网应采用 GPS 测量、导线测量、三角测量、三边测量方法进行,路线平面控制测量宜采用导线测量方法进行。

(4)各级平面控制测量,其最弱点点位中误差均不得大于 ±5cm,最弱相邻点相对点位中误差均不得大于 ±3cm,最弱相邻点边长中误差不得大于表 5-2 的规定。各级公路及桥梁、隧道平面控制测量的等级不得低于表 5-3 的规定。

平面控制测量精度要求　　　　表 5-2

测 量 等 级	最弱相邻点边长相对中误差	测 量 等 级	最弱相邻点边长相对中误差
二等	1/100000	一级	1/20000
三等	1/70000	二级	1/10000
四等	1/35000		

平面控制测量等级要求　　　　表 5-3

高架桥、路线控制测量	多跨桥梁总长 $L(m)$	单跨桥梁 $L_K(m)$	隧道贯通长度 $L_G(m)$	测 量 等 级
—	$L \geq 3000$	$L_K \geq 500$	$L_G \geq 6000$	二等
—	$2000 \leq L < 3000$	$300 \leq L_K < 500$	$3000 \leq L_G < 6000$	三等
高架桥	$1000 \leq L < 2000$	$150 \leq L_K < 300$	$1000 \leq L_G < 3000$	四等
高速公路、一级公路	$L < 1000$	$L_K < 150$	$L_G < 1000$	一级
二、三、四级公路	—	—	—	二级

(5)路线平面控制网的设计,应首先在地形图上进行控制网点位的选择,在其基础上进行现场踏勘并确定点位,导线测量的主要技术要求应符合表 5-4 的规定,GPS 测量、三边测量、三角测量技术要求见《公路勘测规范》(JTG C10—2007)。当需利用路线经过地区已有国家或其他有关部门的平面控制资料时,应进行以下工作:

①对原有控制点进行检测。

②控制测量的坐标系统与本路的坐标系统不一致时,应进行换算。
③原有平面控制点不能满足公路放线要求,应按规定予以加密。

导线测量的主要技术要求　　　　　　　　　　　　　　　表 5-4

测 量 等 级	附(闭)合导线长度(km)	边数	每边测距中误差(mm)	单位权中误差(″)	导线全长相对闭合差	方位角闭合差(″)
三等	≤18	≤9	≤±14	≤±1.8	≤1/52000	≤$3.6\sqrt{n}$
四等	≤12	≤12	≤±10	≤±2.5	≤1/35000	≤$5\sqrt{n}$
一级	≤6	≤12	≤±14	≤±5.0	≤1/17000	≤$10\sqrt{n}$
二级	≤3.6	≤12	≤±11	≤±8.0	≤1/11000	≤$16\sqrt{n}$

注:1. 表中 n 为测站数。
　　2. 以测角中误差为单位权中误差。

2)高程测量

(1)公路高程系统,宜采用 1985 国家高程基准。同一条公路应采用同一个高程系统,并应与相邻项目高程系统相衔接。不能采用同一系统时,应给定高程系统的转换关系。独立工程或三级以下公路联测有困难时,可采用假定高程。

(2)公路高程测量采用水准测量或三角高程测量方法进行,高程异常、变化平缓地区可使用 GPS 测量的方法进行,但应对作业成果进行充分的检核。

(3)路线高程控制网应全线贯通,统一平差。

(4)各等级路线高程控制网最弱点高程中误差不得大于±25mm,用于跨越水域和深谷的大桥、特大桥的高程控制网最弱点高程中误差不得大于±10mm,每公路观测中误差及水准路线长度应小于表 5-5 的规定。

高程控制测量的技术要求　　　　　　　　　　　　　　　表 5-5

测 量 等 级	每公里高差中数中误差(mm)		附合或环线水准路线长度(km)	
	偶然中误差 M_Δ	全中误差 M_W	路线、隧道	桥梁
二等	±1	±2	600	100
三等	±3	±6	60	10
四等	±5	±10	25	4
五等	±8	±16	10	1.6

注:控制网节点间的长度不应大于表中长度的 0.7 倍。

(5)各级公路及构造物的高程控制测量等级不得低于表 5-6 的规定。

高程控制测量等级选用　　　　　　　　　　　　　　　　表 5-6

高架桥、路线控制测量	多跨桥梁总长 L(m)	单跨桥梁 L_K(m)	隧道贯通长度 L_G(m)	测 量 等 级
—	$L \geq 3000$	$L_K \geq 500$	$L_G \geq 6000$	二等
—	$1000 \leq L < 3000$	$150 \leq L_K < 500$	$3000 \leq L_G < 6000$	三等
高架桥,高速公路、一级公路	$L < 1000$	$L_K < 150$	$L_G < 3000$	四等
二、三、四级公路	—	—	—	五等

(6)水准测量主要技术要求应符合表 5-7 的规定。

水准测量的主要技术要求　　　　　　　表 5-7

测量等级	往返较差、附合或环线闭合差(mm)		检测已测测段高差之差(mm)
	平原、微丘	重丘、山岭	
二等	$\leq 4\sqrt{L}$	$\leq 4\sqrt{L}$	$\leq 6\sqrt{L_i}$
三等	$\leq 12\sqrt{L}$	$\leq 3.5\sqrt{n}$ 或 $\leq 15\sqrt{L}$	$\leq 20\sqrt{L_i}$
四等	$\leq 20\sqrt{L}$	$\leq 6.0\sqrt{n}$ 或 $\leq 25\sqrt{L}$	$\leq 30\sqrt{L_i}$
五等	$\leq 30\sqrt{L}$	$\leq 45\sqrt{L}$	$\leq 40\sqrt{L_i}$

注:计算往返较差时,L 为标准点间的路线长度(km);计算符合或环线闭合差时,L 为符合或环线的路线长度(km);n 为测站数;L_i 为检测段长度(km)。

(7)水准点的布设

水准点应沿公路布设,水准点宜设于公路中心线两侧 50～300m 之间。水准点间距宜为 1～1.5km;山岭重丘区可根据需要适当加密;大桥、隧道口及其他大型构造物两端,应增设水准点。

3)地形测量

(1)路线地形图的测绘宽度,当采用"纸上定线法"初测时,路线中线两侧各测绘 200～400m;当采用"现场定线法"初测时,路线中线两侧测绘宽度可减小为 150～250m。

(2)路线地形测绘的图根点,应利用已有的平面控制点或中线控制桩作测站,当不能满足要求时,应按规定进行图根控制测量。地形测绘的技术要求,应符合《公路勘测规范》(JTG C10—2007)的有关规定。

(3)高速公路和一级公里采用分离式路基时,地形图测绘宽度应覆盖两条分离路线及中间带的全部地形;当两条路线相距很远或中间带为大河与高山时,中间地带的地形可不测。

4)路线测量

(1)各级公路应在地形测量之后,进行纸上定线;受条件限制或地形、方案较简单,也可以采用现场定线。

(2)路线定线应符合《标准》、《公路勘测规范》(JTG C10—2007)的规定,正确掌握和运用技术标准。定线工作应做好总体布局,根据各类地形特点,结合人工构造物的布设,进行路线平面、纵断面、横断面的协调布置,定出合理的线位(方法同项目二中的任务六)。对地形、地质、水文条件复杂,工程艰巨的路段,应拟定可能的比较方案,进行反复推敲、比较,确定采用方案。

5)其他勘测与调查

初测,除上述四项测量内容外,还应包括以下勘测与调查内容:

(1)路基、路面及排水勘测与调查。

(2)小桥涵勘测。

(3)大、中桥勘测。

(4)隧道勘测。

(5)路线交叉勘测与调查。

(6)沿线设施勘测与调查。

(7)环境保护勘测与调查。

(8)沿线筑路材料调查。

(9)渡口码头勘测与调查。

(10)改移公路、铺道、连接线的勘测与调查。

(11)占用地、拆迁建筑、构筑物调查。

(12)临时工程调查。

(13)伐树、挖根、除草的调查。

(14)概算资料调查。

二、公路定测

1. 任务

公路定测即定线测量,是指施工图设计阶段的外业勘测和调查工作。其具体任务是:根据上级批准的初步设计,具体核实路线方案,现场确定路线或放线,进行详细测量和调查工作,为施工图设计和编制工程预算提供资料。

2. 内容

(1)对初步设计方案进行补充勘察,如有方案变化应及时与有关主管部门联系,并报上级批准。

(2)实地选定路线或实地放线(纸上定线时),进行测角、量距、中线测设、桩志固定等工作。

(3)引设水准点,并进行路线水准测量。

(4)进行路线横断面测量。

(5)测绘或勾绘路线沿线的带状地形图;对有大型构造物的地段,如大中桥桥位、隧道、大型防护工程、交叉口等,应测绘局部大比例地形图。

(6)进行桥、涵、隧道的勘测与水文资料的调查。

(7)进行路基路面调查。

(8)进行占地、拆迁及预算资料调查。

(9)进行沿线土壤地质调查及筑路材料调查。

(10)征询有关部门对路线方案及征地拆迁等方面的意见,并签订必要的协议。

(11)检查及整理外业资料,并完成外业期间所规定的内业设计工作。

3. 定测队的分组

定测分为选线组、测角组、中桩组、水平组、横断面组、调查组、路基路面组、桥涵组、内业组共9个作业组进行。如果定线采用纸上定线方法进行,则此时可将选线组和测角组合并为放线组。

4. 各组的任务及工作内容

(1)选线组的任务。选线组是整个外业勘测的核心,其他作业组都是根据它所拟定的路线位置开展测量工作的,所以选线在整个公路勘测设计中起着主导作用,是最关键的一步。

选线是公路定线的第一步,其主要任务是:实地确定中线位置,其主要工作就是进行路线查勘,并进一步确定路线布局方案;清除中线附近的测设障碍物;确定路线交点及转角并钉桩,初拟曲线半径,会同桥涵组确定大、中桥位,会同内业组进行纵坡设计等工作;在越岭线地带,还需进行放坡定线工作。

(2)测角组的任务。测角组紧跟选线组工作。其主要任务是:标定直线与修正点位、测角及计算转角;测量交点间距;计算平曲线要素;观测及复核导线磁方位角;固定交点及转点桩;作分角桩;协助中桩组敷设难度大的曲线等。

为确保测设质量和进度,定线与测角应紧密配合,互相协作。作为后继作业的测角组,要注意领会选线意图,发现问题及时予以建议并修正补充,使之完善。

(3)中桩组的任务。根据选线组选定的交点位置、曲线半径、缓和曲线参数(或缓和曲线长度)及导线测角组所测得的路线转角,进行量距、钉桩、敷设曲线及桩号计算,并负责编制"直线、曲线及转角表"。

(4)水平组的任务。在公路沿线设置水准点,测定水准点的高程及路中线各中桩高程,并为路线纵断面、横断面设计和施工提供高程资料。

(5)横断面组的任务。实地测量每个中桩在路线横向(法线方向)的地面起伏变化情况,并绘制横断面的地面线。路线横断面测量主要是为路基横断面设计、计算土石方数量及今后的施工放样提供资料。

(6)地形组的任务。根据设计的需要,按一定比例测绘出沿线一定宽度范围内的带状地形图(或局部范围的专用地形图),供设计和施工使用。

地形图分为路线地形图和工点地形图两种。路线地形图是以导线(或路线)为依据的带状地形图,主要供纸上定线或路线设计之用。工点地形图是利用导线(或路线)或与其取得联系的支导线,为特殊工程(如大中桥、隧道和复杂排水、防护、改河、交叉口等工程)进行测量的专用地形图。

(7)调查组的任务。主要是根据测设任务的要求,通过对公路所经地区的自然条件和技术经济条件进行调查,为公路选线和内业设计收集原始资料。主要内容包括:工程地质情况、筑路材料料场情况、桥涵情况、预算资料及杂项情况等。对于旧路改建,还应对原路路况进行调查。

(8)内业组的任务。任务包括定测内业工作的复核、检查、整理外业资料和图表制作、汇总等要求,定测内业工作是进行路线设计和局部方案的取舍工作,外业期间宜达到做出全部路基横断面设计,并结合沿线构物造物的布设,逐段综合检查所定路线的技术经济合理性,同时应进行必要的现场核对。

思考题

1. 什么是公路选线?
2. 选线的原则和步骤是什么?
3. 路线方案技术指标的比选的内容有哪些?
4. 平原区路线布设时,应注意哪些影响因素?
5. 沿溪线应解决的主要问题有哪些?高线和低线各有何特点?
6. 越岭线应解决的主要问题有哪些?
7. 越岭展线的方法有哪些?什么是自然展线?什么是回头展线?各有何优缺点?
8. 丘陵区选线的布线要点是什么?
9. 公路初测的目的和任务是什么?

10. 公路定测的目的和任务是什么？
11. 公路初测阶段外业测量的内容是什么？
12. 公路定测阶段分为几个作业组？各自的主要任务是什么？
13. 公路定测阶段水准点设置有何要求？

参 考 文 献

[1] 中华人民共和国行业标准.JTG B01—2014 公路工程技术标准[S].北京:人民交通出版社股份有限公司,2015.
[2] 中华人民共和国行业标准.JTG D20—2017 公路路线设计规范[S].北京:人民交通出版社股份有限公司,2017.
[3] 中华人民共和国行业标准.JTG C10—2007 公路勘测规范[S].人民交通出版社,2007.
[4] 中华人民共和国行业标准.JTG D30—2015 公路路基设计规范[S].北京:人民交通出版社股份有限公司,2015.
[5] 中华人民共和国国家标准.GB/T 18314—2009 公路全球定位系统(GPS)测量规范[S].南京:凤凰出版社,2009.
[6] 中华人民共和国国家标准.GB 50026—2016 工程测量规范[S].北京:中国计划出版社,2016.
[7] 中华人民共和国行业标准.JTG B04—2010 公路环境保护设计规范[S].北京:人民交通出版社,2010.
[8] 公路工程基本建设项目设计文件编制文件(2015)[S].北京:人民交通出版社股份有限公司,2015.
[9] 公路工程勘察设计招标投标管理办法(2016)[S].北京:人民交通出版社股份有限公司,2016.
[10] 周世红,李月姝.公路勘测技术[M].北京:邮电大学出版社,2014.
[11] 李青芳,何宜典.公路勘测设计[M].西安:西北大学出版社,2010.
[12] 吴瑞麟,李亚梅,张先勇.公路勘测设计[M].武汉:华中科技大学出版社,2010.